सम्राट अशोक

सम्राट अशोक

दया प्रकाश सिन्हा

वाणी प्रकाशन

वाणी प्रकाशन
4695, 21-ए, दरियागंज, नयी दिल्ली 110 002
फ़ोन : +91 11 23273167 फ़ैक्स : +91 11 23275710
शाखाएँ
अशोक राजपथ, पटना 800 004, बिहार
कॉफ़ी हाउस कैम्पस, महात्मा गांधी मार्ग, इलाहाबाद 211 001, उत्तर प्रदेश
महात्मा गांधी अन्तरराष्ट्रीय हिन्दी विश्वविद्यालय, वर्धा 442 001, महाराष्ट्र
सुल्तानिया रोड, मोतिया पार्क, भोपाल 462 001, मध्य प्रदेश
www.vaniprakashan.in
marketing@vaniprakashan.in
sales@vaniprakashan.in

SAMRAT ASHOK
by Daya Prakash Sinha

ISBN : 978-93-5072-873-4
Play

प्रथम संस्करण 2015
द्वितीय संस्करण 2016
तृतीय संस्करण 2017
चतुर्थ संस्करण 2019

मूल्य : ₹ 295

सिटी प्रेस, दिल्ली-110 095 में मुद्रित

वाणी प्रकाशन का लोगो मक़बूल फ़िदा हुसेन की कूची से

ज्ञानदादा, रेवत प्रकाश
और
सीतेश आलोक के लिए

पुरोवाक्

'सम्राट अशोक' के पढ़ने, सुनने और देखने के बाद

इतिहास और मिथक पर आधारित 'कथा एक कंस की', 'सीढ़ियाँ', 'इतिहास-चक्र', और 'रक्त-अभिषेक' के बाद इसी कड़ी में दया प्रकाश सिन्हा 'सम्राट अशोक' लेकर उपस्थित हुए हैं। ऐसा नहीं है कि उनके यहाँ इससे अलग तेवर और आस्वाद के नाटक नहीं हैं। इस दृष्टि से 'अपने अपने दाँव' और 'मेरे भाई : मेरे दोस्त' का सहज ही उल्लेख किया जा सकता है। लेकिन उनका मन इतिहास में ही ज्यादा रमता है। शायद इसका यह कारण हो कि एम. ए. में उनका विषय प्राचीन भारतीय इतिहास रहा है। लेकिन मुझे लगता है कि उनको इतिहास और मिथक इसलिए ज्यादा आकर्षित करते रहे हैं जिससे कि जाने पहचाने चरित्रों की पृष्ठभूमि, किंवदंतियों और मिथ को भेदकर उनके आन्तरिक अन्तर्विरोध, अन्तर्द्वन्द्व, और अन्तःसंघर्ष को सामने लाया जा सके। इसका संकेत उन्होंने काफी पहले 'कथा एक कंस की' में ही दे दिया था, और मानो उसी की परिणति के रूप में प्रस्तुत है 'सम्राट अशोक'।

भारतीय इतिहास का एक ऐसा चरित्र है अशोक, जिस पर आज तक न जाने कितने उपन्यास, कहानियाँ, एकांकी, नाटक लिखे जा चुके हैं, और फिल्में बन चुकी हैं। इनमें अज्ञेय का 'उत्तर प्रियदर्शी', रामेश्वर प्रेम का 'अन्तरंग', और शाहरुख खान की फिल्म 'अशोक' के नाम लिए जा सकते हैं। अज्ञेय का 'उत्तर प्रियदर्शी' अपने शीर्षक के अनुरूप अशोक के उत्तरार्ध, अर्थात् कलिंग युद्ध के बाद हुए हृदय परिवर्तन पर आधारित है। रामेश्वर प्रेम का नाटक 'अन्तरंग' मुख्यतः तिष्यरक्षिता और कुणाल के प्रेम प्रसंग से सम्बद्ध है। फिल्म 'अशोक'

इतिहास का बम्बइया संस्करण है, जिसके बारे में अलग से क्या टिप्पणी की जा सकती है।

इस तथ्य से इनकार नहीं किया जा सकता कि 'सम्राट अशोक' अब तक इस चरित्र पर लिखी गयी सभी रचनाओं से बिल्कुल अलग है— न तो यहाँ कलिंग युद्ध को रेखांकित किया गया है, न अशोक और तिष्यरक्षिता अथवा कुणाल और तिष्यरक्षिता प्रसंग को अहमियत दी गयी है, और न ही अशोक द्वारा बौद्धधर्म को स्वीकार लेने की घटना को ही मुखरित किया गया है। यह शायद पहला नाटक है, जिसमें अशोक के सिंहासन पर बैठने से लेकर उसके अन्तिम दिनों के उन क्षणों तक को समेटने की कोशिश की गयी है, जब वह तुगलक और शाहजहाँ की भाँति अपने ही कारागार में नितान्त अकेला होता जाता है। इस पूरे कार्य-व्यापार को नाटककार ने छोटे-बड़े बीस दृश्यों में संयोजित किया है। यहाँ परम्परागत अंक-विभाजन के बजाय दृश्यों की परिकल्पना शायद इसलिए की गयी है, क्योंकि नाटक की शुरुआत बिना किसी पृष्ठभूमि और पूर्व-तैयारी के सीधे कार्य-व्यापार से होती है, और उसके बाद सारी घटनाएँ तेजी से घटित होती चली जाती हैं। ऐसे में दृश्य दस, चौदह और सोलह बहुत छोटे रह गये हैं। दरअसल यह शिल्प और संरचना काफी दूर तक फिल्म और दूरदर्शन माध्यम से प्रभावित है। इसके बावजूद अशोक और तिष्यरक्षिता की पहली भेंट, अन्तिम भेंट और नाटक का अन्तिम दृश्य अत्यन्त गहरे और मार्मिक बन पड़े हैं।

नाटक का सबसे सशक्त पक्ष है इसके संवाद। ऐतिहासिक नाटक प्रायः लम्बे-लम्बे संवादों और एकालापों से भरे रहते हैं, लेकिन 'सम्राट अशोक' इस दृष्टि से एकदम अलग पहचान बनाता है। संवाद इतने सहज, सरल और संक्षिप्त हैं, कि कार्य-व्यापार कहीं भी धीमा और शिथिल नहीं होता, और नाटक की क्षिप्र-गति बनी रहती है। पहली बार नाटक के अन्तिम दृश्य में हम अशोक के कुछ एकालापों से रूबरू होते हैं। इसमें कोई दो राय नहीं कि जिस तरह की मनःस्थिति में अशोक पहुँच चुका है, वहाँ ऐसे एकालापों का न होना अवश्य अखरता।

'सम्राट अशोक' जैसे नाटकों का महत्त्व इसलिए और बढ़ जाता है क्योंकि यहाँ अशोक महान जैसे शासक का कीर्तिगान नहीं किया गया है, अपितु उस चरित्र को अपनी तमाम कमजोरियों, षड्यंत्रों, और

कूटनीति के साथ—और साथ ही उसकी सारी अच्छाइयों के साथ प्रस्तुत किया गया है। यदि एक ओर वह कुशल शासक है, तो दूसरी ओर निहायत निश्छल, भावुक, सहृदय पिता भी है, जो अपने पुत्र महिंद के सामने फूट-फूट कर रोता है। अशोक के चरित्र की यह बहुआयामिता इस नाटक का एक ऐसा पक्ष है जो इसे उच्चतर धरातल पर प्रतिष्ठित कर देता है।

मात्र इतना ही नहीं, नाटककार ने सम्राट अशोक को ऐसे रूप-रंग और छवियों में उकेरा है कि वह सुदूर अतीत का अशोक न हो कर आज के किसी भी राजनीतिज्ञ, प्रशासक, अथवा शासक का सहज ही प्रतिबिम्ब जान पड़ने लगता है,— इस दृष्टि से यह नाटक सर्वथा सार्थक, सामयिक और सर्वकालीन रहेगा।

भविष्य में किसी नये नाटक की रचना की प्रतीक्षा के साथ दया प्रकाश सिन्हा जी को 'सम्राट अशोक' के लिए बहुत बहुत बधाई।

17.6.2014

देवेन्द्र राज अंकुर
पूर्व निदेशक,
राष्ट्रीय नाट्य विद्यालय,
नयी दिल्ली

भूमिका

सम्राट अशोक पर हिन्दी में बहुत लिखा गया है, किन्तु प्रायः रटंत, मनगढ़ंत, और सुनी-सुनाई घटनाओं को दोहराते हुये।

इस नाटक में पहली बार प्रामाणिक इतिहास का सहारा लिया गया है, और प्रथम बार चरित्रों का विश्वस्त मनोविश्लेषण हुआ है।

नाटककार ने भूमिका में देशी-विदेशी इतिहासकारों के तर्क प्रस्तुत किए हैं; अशोकावदान, दिव्यावदान, महावंस, दीपवंस आदि प्राचीन ग्रन्थों को सन्दर्भित किया है। साथ ही अशोक के शिलालेखों में उत्कीर्ण कथनों की पड़ताल की है।

इस नाटक की प्रमुख स्थापनाएं हैंः– 1. अशोक बिन्दुसार का पुत्र था। उसकी माँ उपेक्षिता थी। इस पुत्र के जन्म से वह स्वीकार्य (शोक-मुक्त) हुई, इसलिए उसने पुत्र का नाम 'अशोक' रखा। 2. जन्मना अशोक कुरूप था, किन्तु वीर था। अतः पिता ने उसे पश्तून (पठान) विद्रोहियों के दमन हेतु भेजा था। उसे सफलता मिली, फलतः उसे उज्जयिनी का शासक बना दिया गया। 3. बिन्दुसार से उसने जबरन राज्याधिकार प्राप्त किया था। उस आघात से बिन्दुसार की मृत्यु हो गयी थी। राज-सिंहासन के लिए उसकी लड़ाई बड़े भाई सुसीम के साथ हुई यी। भाई हत्या करके उसने सत्ता हथियाई। अतएव उसे पितृहन्ता और भ्रातृहन्ता के साथ 'चंडाशोक' भी कहा गया। 4. अशोक पहले बौद्धमत के विरुद्ध था, किन्तु कारागार में बन्द एक बौद्ध भिक्षु के चमत्कारों से प्रभावित हो कर वह बौद्धधर्म में दीक्षित हो गया था। उसका यह धर्म परिवर्तन कलिंग युद्ध के पूर्व हो चुका था। 5. अशोक एक अत्यन्त कामुक व्यक्ति था। उसे 'कामाशोक' भी कहा गया है। उसके अन्तःपुर में 500 स्त्रियाँ थीं। उसकी कुरूपता से क्षुब्ध हो कर जो स्त्रियाँ विरत हो गयी थीं, उन्हें क्रूरतापूर्वक उसने जलवा दिया था। अपनी कुरूपता की

हीनग्रन्थि से बचने के लिए उसने एक नया नाम 'पियदस्सी' (प्रियदर्शी) धारण किया था। 6. उसके शिलालेख इस तथ्य के संवाहक हैं कि वह बड़ा उदार, धर्म-निरपेक्ष और न्यायप्रिय शासक था। उसे 'धम्माशोक' भी कहा गया है। 7. प्रौढ़ावस्था में उसने तिष्यरक्षिता से विवाह किया था, जो एक षड्यन्त्र के अन्तर्गत, बदले की भावना से उसके जीवन में आई थी। अशोक के एक दुःसाध्य रोग का उपचार करके उसने राजा को सम्मोहित कर लिया था। उसका उद्देश्य था राजा को दुखी करना। इसलिए उसने विषलेपन करके बोधिवृक्ष को नष्ट करने का प्रयास किया, और कुणाल को मरवाने का भी। नाटककार सिन्हा ने उसे वैदिक-ब्राह्मण और बौद्ध-श्रमण के संघर्ष की उपज नहीं माना है। उसे एक कलिंग-षड्यन्त्र के रूप में प्रस्तुत किया है। अशोक द्वारा उस गिरोह का दमन इतिहास सम्मत है। 8. ऐतिहासिक तथ्यों के आधार पर नाटककार ने दर्शाया है कि जीवन के अन्तिम चरण में बौद्धधर्म में अतिशय श्रद्धा से अभिभूत हो कर वह एक प्रकार के धर्मोन्माद से ग्रसित हो गया था, और उसने पूरा-पूरा राज्यकोष लुटा दिया था, जिसके कारण वह अपदस्थ कर दिया गया।

अशोक के जीवन के सात दशकों में केन्द्रित यह नाटक एक सफल 'बायोपिक' है। ऐतिहासिक नाटकों में बोध की आवश्यकता होती है। केवल कल्पना से काम नहीं चलता। हिन्दी लेखकों ने इस प्रकरण को कई अपुष्ट, असंगत और अतर्क्य अनुमानों से भर दिया है। उन सब का शोधन करने में नाटककार ने जो श्रम किया है वह सर्वथा सराहनीय है।

यह कृति रंगमंचीय विधान की दृष्टि से बहुत व्यावहारिक है। इसके दृश्यों में न अधिक देश-काल का विस्तार है, न नारी पात्रों की भरमार। नाट्य-भाषा सर्वथा सम्प्रेषणीय है तथा पात्रानुकूल है। दया प्रकाश सिन्हा नाटककार होने के साथ एक सफल नाट्य निर्देशक भी हैं। अतएव उनके सभी पिछले नाटकों के समान 'सम्राट अशोक' भी नाटकीय तत्त्वों और द्वन्द्व से भरपूर है, जो उसे सर्वथा मंचसिद्ध बनाता है।

'सम्राट अशोक', अशोक के जीवन की घटनाओं का मात्र संकलन नहीं है। नाटककार ने अशोक के माध्यम से जीवन की निरर्थकता

और असंगतता को रेखांकित किया है, जो अन्ततः एक सार्वभौमिक सत्य है; और जिसने सिद्धार्थ नामक एक राजकुमार को बुद्ध बनाया था। इस परिप्रेक्ष्य में, नाटक साहित्यगत मूल्यों से भरपूर एक उत्कृष्ट रचना है, जो हर दृष्टि से एक सफल नाट्यकृति है। मैं नाटककार को हार्दिक बधाई देता हूँ।

लखनऊ

डॉ. सूर्य प्रसाद दीक्षित
पूर्व हिन्दी विभागाध्यक्ष,
लखनऊ विश्वविद्यालय

नाटककारीय : यह नाटक 'सम्राट अशोक'

इतिहास और मिथक पर आधारित अपने पिछले नाटकों– 'कथा एक कंस की,' 'रक्त-अभिषेक', 'सीढ़ियाँ', 'इतिहास-चक्र', तथा 'इतिहास' (गाथा) की शृंखला में एक और नाटक। यह नाटक 'सम्राट अशोक'।

अशोक अपने प्रायः सब शिलालेखों में अपने आपको 'देवानांपिय राजा पियदस्सी' कहता है। 'देवानांपिय' क्यों? 'देवानांप्रिय' क्यों नहीं? 'पियदस्सी' क्यों? 'प्रियदर्शी' क्यों नहीं? प्रतीत होता है कि उस काल तक पाणिनि एवं अन्य व्याकरणाचार्यों द्वारा रचित संस्कृत भाषा का पर्याप्त प्रचार नहीं हुआ था। इसी कारण बौद्ध धार्मिक ग्रन्थ 'त्रिपिटक' की रचना जनभाषा पाली में हुई, संस्कृत में नहीं। प्रसिद्ध बौद्ध-मन्त्र 'बुद्ध म सरनम गच्छामी। धम्मम सरनम गच्छामी। संघम सरनम गच्छामी।' जनभाषा में है। जनभाषा में 'धर्म' को 'धम्मम' कहते हैं, और 'शरणम्' को 'सरनम' कहते हैं। मौर्य राजा (तीसरी शताब्दी ईसा पूर्व में) अपनी प्रजा के समान ही तत्कालीन प्राकृत (जनभाषा) बोलते थे। अशोक के शासन के पश्चात, अगले आठ सौ वर्षों में धीरे-धीरे संस्कृत का प्रचार बढ़ा, और बढ़ता ही गया। कालिदास (पाँचवीं शती) के समय तक राजा और विद्वान् और उच्च श्रेणी के पुरुष संस्कृत बोलने और समझने लगे थे, किन्तु सामान्यवर्ग और उच्चवर्ग की स्त्रियाँ अभी भी पहले के समान ही प्राकृत (जनभाषा) बोलती थीं। इसके समर्थन में कालिदास के नाटक 'अभिज्ञान शाकुतलम' से स्त्रियों द्वारा बोले गये दो संवाद उद्धृत हैं, जो जनभाषा में हैं। इनके सामने कोष्ठक में, इनके संस्कृत अनुवाद भी दिए गये हैं :–

शकुन्तला : अठासुए! गमिस्स अहं। (अनसूये! गमिष्याम्यहं।)

अनुसूया : किणिमित्तं? (किं निमित्तं?)

हिन्दी में इसका अनुवाद नीचे दिया जा रहा है :–

शकुन्तला : अनसूया ! अब मैं जाऊँगी।

अनुस्सूया : किस कारण से?

मैं नाटक से भाषाविज्ञान में भटक गया। पुनः नाटक पर वापस आता हूँ। नाटक में जहाँ तक सम्भव हो सका, मैंने चरित्रों के मूल प्राकृत नाम ही रखे हैं। अशोक के छोटे भाई का नाम तिस्स रखा है; इसका शुद्ध संस्कृत नाम तिष्य नहीं। महास्थविर मोगलिपुत्त, मोगलिपुत्त ही हैं। मोगलिपुत्र नहीं। अशोक का पुत्र महिंद है, महेंद्र नहीं। इसमें अपवाद है रानी तिस्सरक्खा का नाम। तिस्सरक्खा उच्चारण में रामरक्खा या अल्लारक्खा जैसा ध्वनित होता है। अतएव सौन्दर्यबोध से प्रेरित होकर मैंने इसका संस्कृत नाम तिष्यरक्षिता ही नाटक के लिए चुना। 'देवानांपिय' और 'पियदस्सी' के स्थान पर भी इन शब्दों के संस्कृत संस्करण 'देवानांप्रिय' और 'प्रियदर्शी' का नाटक में प्रयोग, दर्शकों के साथ प्रभावी संचार की दृष्टि से किया है।

अशोक को केन्द्र में रख कर, हिन्दी के अनेक साहित्यकारों ने कविता, कहानी, उपन्यास, एकांकी, नाटक आदि की रचनाएँ की हैं। इसमें सर्वाधिक महत्त्वपूर्ण है अज्ञेय द्वारा लिखा नाटक उत्तर प्रियदर्शी। किन्तु प्रायः सभी के कथानक अशोक की कलिंग विजय, कलिंग युद्ध में हुए रक्तपात से जनित अशोक का पश्चात्ताप तथा अन्ततः बुद्ध की शरण तक ही सीमित रहे हैं। किन्तु व्यंग्य यह है कि अशोक के जीवन में कलिंग युद्ध का इतना महत्त्व नहीं था, जितना हिन्दी रचनाओं में दिखाई पड़ता है। 'अशोकावदान' में तो कलिंग युद्ध का उल्लेख ही नहीं है। इसका भी कोई प्रमाण नहीं है कि कलिंग युद्ध के बाद अशोक बौद्धधर्म में परावर्तित हो गया। अगर ऐसा होता तो इसका उल्लेख अशोक के 'वृहत् शिलालेख संख्या 13' में अवश्य होता जिसमें अशोक ने कलिंग में अपने द्वारा किये गये नरसंहार के लिए दुःख प्रकट करते हुए कहा है– 'अब देवानांपिय कलिंग विजय के लिए घोर पश्चात्ताप अनुभव करते हैं।'

ऐसा प्रतीत होता है कि जयशंकर प्रसाद के बाद के हिन्दी नाटककारों ने मिथक/इतिहास आधारित विषयों पर नाटक लिखने के पहले शोध की आवश्यकता ही नहीं समझी। केवल ऐतिहासिक और चरित्रों के नाम से, काल्पनिक घटनाओं के आधार पर नाटक लिख दिये, जैसे मोहन

राकेश के नाटक 'आषाढ़ का एक दिन' और 'लहरों के राजहंस' तथा डॉ. लक्ष्मीनारायण लाल का 'सूर्यमुख'। मैंने अपने नाटकों द्वारा जय शंकर प्रसाद द्वारा बनाए गये शोध मार्ग का अनुसरण किया है।

अशोक : ऐतिहासिक स्रोत

अशोक की जीवनी के मूल स्रोत दो बौद्धग्रन्थ— महावंस और 'दीपवंस' तथा भारत में उपलब्ध संस्कृत ग्रन्थ—'अशोकावदान' तथा 'दिव्यावदान' हैं। चीनी यात्री फाहियान तथा हुएनसांग के यात्रा विवरण भी महत्त्वपूर्ण हैं। अशोक के शिलालेख जो पूरे भारत में, तथा अफगानिस्तान में विस्तृत हैं, अशोक के जीवन के प्रामाणिक दस्तावेज हैं। इन स्रोत ग्रन्थों पर आधारित आर. जी. भंडारकर (1925), राधा कुमुद मुकर्जी (1928), रोमिला थापर (1961) तथा चार्ल्स एलेन (2012) की अशोक पर लिखी पुस्तकें इस सन्दर्भ में उल्लेखनीय हैं। नाटक 'सम्राट अशोक' में इन ग्रन्थों से सहायता ली गयी है।

नाटक के प्रकाशन के पूर्व, नाटक पर प्रतिक्रिया जानने के लिए, रंगकर्मियों की कुछ संगोष्ठियों में मैंने नाट्यपाठ किये। कुछ वरिष्ठ समीक्षकों को पढ़ने को भी दिया। प्रायः सर्वत्र ही सकारात्मक अभिमत प्राप्त हुए। मेरे एक वरिष्ठ शुभकामी ने मुझे सचेत करते हुए कहा कि यह नाटक अशोक की प्रचलित एवं सर्वमान्य छवि के विपरीत है। अतः यह स्वीकार नहीं होगा। उनको अशोक के चरित्र के विषम पक्षों की सत्यता पर भी सन्देह प्रतीत हुआ। मुझे लगा कि सम्भव है पाठक-दर्शक-समीक्षक-त्रय इन विषम पक्षों को नाटककार की कल्पना समझ कर नकार दें। अशोक की जनमानस में एक महान शांतिकामी शासक की छवि है, जिसने सदा के लिए युद्ध त्याग दिया था और जिसने भेरीघोष के स्थान पर धम्मघोष किया था ! इसके विपरीत, यह नाटक सामान्य मनुष्य के समान अशोक के जीवन के शुक्ल और कृष्ण पक्षों को रूपायित कर के उसकी महानता की मूर्ति को खंडित करता है। ऐसा करने के लिए अकाट्य कारण होने चाहिए। इस परिप्रेक्ष्य में भूमिका में नाटक के समर्थन में साक्ष्य देना आवश्यक प्रतीत होता है।

अशोक : रेखांकन

श्रीलंका की बौद्ध परम्परा के अनुसार मगध के मौर्यराजा चन्द्रगुप्त

के पौत्र तथा बिन्दुसार के पुत्र अशोक की माता का नाम धर्मा था। वह जनसेन नामक एक आजीवक की पुत्री थी। अशोक के जन्म पर पिंगलवत्स नामक एक आजीवक ने भविष्यवाणी की थी कि अशोक एक दिन राजा बनेगा। ऐसा प्रतीत होता है कि उस काल में आजीवक नाम का कोई सम्प्रदाय या धर्म प्रचलित था, जो कालांतर में विलुप्त हो गया। अशोक के जन्म के पूर्व महाराज बिन्दुसार ने किसी बात से क्रुद्ध हो कर उसकी माता को निष्कासित कर के एकान्तवास दे दिया था। जब अशोक का जन्म हुआ, उस समय पिता ने उसकी माता को पुनः स्वीकार कर लिया था। अशोक के जन्म के साथ उसकी माता के शोक का अन्त हो गया था, इसलिए उसकी माता ने अपने नवजात पुत्र का नाम रखा था—अशोक। दक्षिणी बौद्ध परम्परा के अनुसार माता धर्मा ने अपने छोटे पुत्र का नाम रखा तिस्स। उत्तरी परम्परा में अशोक के छोटे भाई का नाम वीताशोक है। नाटक में अशोक और वीताशोक नामों की समानता के कारण विभ्रम सम्भव हो सकता था, इसलिए मैंने तिस्स नाम का प्रयोग किया है।

अशोक जन्म से ही कुरूप था। उसके चेहरे की त्वचा खुरदुरी और विकारयुक्त थी। इसलिए पिता बिन्दुसार उसको नापसन्द करते थे। किन्तु वह शौर्य और शस्त्र-संचालन में अद्वितीय था। इससे प्रभावित होकर उन्होंने उस समय उसे गान्धार का शासक बना कर भेजा, जब वहाँ के निवासी पश्तून (पठान) विद्रोह कर रहे थे। अशोक विद्रोह को शान्त करने में पूरी तरह सफल सिद्ध हुआ। इससे प्रसन्न हो कर पिता बिन्दुसार ने अशोक को उज्जयिनी का शासक नियुक्त किया। (रोमिला थापर : अशोक; पृष्ठ 21)। उत्तरी और दक्षिणी—दोनों बौद्ध परम्पराओं के अनुसार, वहाँ, विदिशा में, उसकी भेंट एक स्थानीय व्यापारी की पुत्री, देवी से हुई। वह बुद्ध की अनुयायी थी। उपलब्ध साक्ष्यों से यह ज्ञात नहीं होता कि उनका विवाह हुआ था या नहीं, किन्तु उनकी दो सन्तानों—महिंद और संघमित्ता का प्रचुर उल्लेख बौद्धग्रन्थों में मिलता है।

बिन्दुसार के पश्चात अशोक को राजा बनने का अधिकार नहीं था। उत्तराधिकार अशोक के सौतेले भाई सुसीम का था, जो आयु में अशोक से बड़ा था, और परम्परा के अनुसार राजा बनने का अधिकारी था। जब बिन्दुसार गम्भीर रूप से रोगग्रस्त हुआ तो वह सुसीम को बुलाकर राजा बनाना चाहता था, किन्तु महामंत्री राधागुप्त ने षड्यन्त्र

करके सुसीम को बिन्दुसार की व्याधि की सूचना न देकर अशोक को पाटलिपुत्र बुलवाया। अशोक पाटलिपुत्र अकेला ही गया, क्योंकि महावंस के अनुसार देवी ने उसके साथ पाटलिपुत्र जाना अस्वीकार कर दिया था। पाटलिपुत्र आ कर अशोक ने रोगग्रस्त महाराज से अपने को राजा बनाने की माँग रखी, जिसके आघात से उनकी मृत्यु हो गयी। अशोक ने सत्ता पर बलात् कब्जा कर लिया। इसके फलस्वरूप अशोक और सुसीम में चार साल तक युद्ध चला। अन्त में सुसीम मारा गया। महावंस में तो यह भी उल्लेख है कि उसने अपने निन्यानबे भाइयों की हत्या की थी। किन्तु यह कथन इतिहासकारों द्वारा अमान्य है। सत्ता हथियाने के चार साल बाद ही अशोक का राजतिलक हुआ।

चन्द्रगुप्त मौर्य की राजसी उपाधि देवानांपिय थी। अशोक ने अपने पितामह की उपाधि अपने लिए राजा बनने पर स्वीकार की। साथ ही अपने लिए एक नया राजसी नाम भी चुना– पियदस्सी। वह देवानांपिय राजा पियदस्सी के नाम से विख्यात हुआ। अपने प्रायः सभी शिललेखों में उसने अपने राजसी नाम पियदस्सी का ही प्रयोग किया है, अशोक का नहीं।

राजा बनने के पश्चात अशोक अपने असली रंग में दिखाई पड़ता है। 'अशोकावदान' के अनुसार उसके अन्तःपुर में पाँच सौ स्त्रियाँ थीं। जब उनमें से कुछ ने उसे कुरूप कहा और उसकी विकारयुक्त त्वचा को स्पर्श करने में जुगुप्सा दिखाई, तो उसने उन सब पाँच सौ स्त्रियों को जलवा दिया।

'दिव्यावदान' और चीनी यात्री हुएनसांग के अनुसार अशोक ने अपनी क्रूरता से प्रेरित हो कर पाटलिपुत्र में एक 'नरक' (यन्त्रणाघर) बनवाया था, जो बाहर से बहुत सुन्दर लगता था। इसमें वह बौद्धभिक्षुओं को यन्त्रणा दिया करता था। वहाँ एक बार समुद्र नामक बौद्धभिक्षु भटकता हुआ भिक्षा माँगने पहुँच गया। वहां सब तरह की यन्त्रणाओं को सहते हुए भी वह अविचल रहा। जब उसे बंदीगृह में बंद कर दिया गया, तो वह वहाँ से अपनी चमत्कारी शक्ति से मुक्त हो गया। जब अशोक को यह पता लगा तो वह भिक्षु समुद्र से मिलने गया। उसके चमत्कारों से प्रभावित हो कर अशोक बौद्धधर्म का अनुयायी बन गया।

अशोक के बौद्धधर्म के प्रति आस्था और भक्ति के उदय का श्रेय, महावंस अशोक के मृत सौतेले भाई सुसीम के पुत्र निग्रोध को देता है।

निग्रोध अपने पिता की मृत्यु के बाद बौद्ध भिक्षु बन गया था। उसके प्रवचनों से प्रभावित हो कर अशोक बौद्ध 'उपासक' बन गया।

कलिंग युद्ध के पूर्व ही अशोक बौद्धधर्म का उपासक बन चुका था। इसकी पुष्टि अशोक के 'लघु शिलालेखों' से होती है (चार्ल्स एलेन : अशोक; पृष्ठ 379)। कलिंग युद्ध एक अकेला कारण नहीं था, अशोक के बौद्धधर्म अपनाने का। अशोक के बौद्धधर्म के प्रति झुकाव में देवी, भिक्खु समुद्र, भिक्खु निग्रोध, महास्थविर मोगालिपुत्त, तिस्स तथा स्थविर उपगुप्त की भूमिकाएँ भी थीं। कलिंग-युद्ध अशोक के जीवन की एक ऐसी घटना थी, जिसने उसके जीवन को एक निश्चित मोड़ दिया। कलिंग-युद्ध ने बुद्ध के प्रति अशोक की भावना को घनीभूत किया।

अपने राज्याभिषेक के आठ वर्ष पश्चात अशोक ने कलिंग विजय की। राज्याभिषेक के दस वर्ष बाद अशोक पहली बार आखेट पर न जा कर, तीर्थयात्रा पर बोधिवृक्ष (संबोधि) के दर्शन के लिए गया।(वृहत् शिलालेख संख्या 8)। राज्याभिषेक के बारह वर्षों के बाद, प्रजा में धर्म के प्रचार के लिए पहली बार उसने शिलालेखों को उत्कीर्ण करवाना प्रारम्भ किया (वृहत् शिलालेख संख्या 4)। राज्याभिषेक के बारह वर्षों बाद ही उसने युक्त, रज्जुक एवं प्रादेशिक नामक मौर्य राज्य के अधिकारिओं को आदेश दिया कि वे हर पाँच वर्ष में अपने कार्यों के साथ धम्म की शिक्षा के लिए दौरे पर जाएँ (वृहत् शिलालेख संख्या 3)। राज्याभिषेक के तेरह वर्ष पश्चात अशोक ने धर्ममहामात्र नामक नये अधिकारी नियुक्त किये, जिनका काम धम्म की शिक्षाओं का प्रसार, उनका प्रजा द्वारा पालन सुनिश्चित करना, तथा दीन, दरिद्र, और दुखियों का कल्याण था। उनका दायित्व विभिन्न सम्प्रदायों के साथ सम्पर्क रख कर उनको राजसंरक्षण भी देना था।

प्रारम्भ में अशोक बौद्धधर्म के प्रति बहुत गम्भीर नहीं था। इसका प्रमाण 'वृहत् शिलालेख संख्या-1' है, जिसमें अशोक कहता है :–

'पहले देवानांपिय राजा पियदस्सी की रसोई में प्रतिदिन लाखों पशु मारे जाते थे। किन्तु अब, धम्म के इस शिलालेख के लिखे जाते समय, केवल तीन पशु मारे जाते हैं। दो मोर और एक हिरन। ये तीन पशु भी भविष्य में नहीं मारे जायेंगे।'

उपरोक्त शिलालेख में अशोक की आत्मविश्वास से पूर्ण, एक ऐसे शासक की छवि उभर कर आती है, जो प्रजा में अपनी छवि सँवारने के

लिए झूठ का सहारा नहीं लेता। कालान्तर में अशोक की धम्म के प्रति आस्था बढ़ी। वह धम्म ही नहीं, संघ के कार्यकलापों में भी संलग्न हो गया। बौद्धसंघ ने इसका स्वागत किया होगा, और प्रोत्साहित भी किया होगा। बौद्धसंघ से राजा के जुड़ाव का अर्थ था समाज में सम्मान और आर्थिक सम्पन्नता। पाटलिपुत्र में कुक्कुटाराम नामक बौद्ध विहार पहले से ही था। अशोक के संरक्षण में वहाँ एक और विहार बनवाया गया। नाम रखा गया अशोकाराम। अब तक बौद्ध विहारों में केवल बौद्ध भिक्षु और भिक्षुणी रहते थे। उदारमना अशोक के आदेश से उसमें आजीवक, जैन, निर्ग्रन्थ आदि अन्य सम्प्रदायों के श्रमण भी रहने लगे। और अशोक के राज्याभिषेक के सत्रह वर्षों बाद, जब इन सम्प्रदायों के बीच का वैचारिक विवाद हिंसक संघर्ष हो गया, तो अशोक के अन्दर का राजा जाग उठा। उसने आदेश दिया कि इन विहारों में रहने वाले सभी निर्ग्रंथियों को मार दिया जाए (रोमिला थापर; अशोक : पृष्ठ 28)। उसके बाद अशोक ने कोसाम्बी और पाटलिपुत्र के राज्याधिकारियों को आदेश दिया कि वे सुनिश्चित करें कि किसी को संघ की एकता भंग न करने दिया जाए। बौद्ध भिक्षु और भिक्षुणियों में से जो भी संघ की एकता में फूट डाले, उसे श्वेत वस्त्र पहना कर विहार से निकाल दिया जाए। (विभाजन राजाज्ञा (शिज्म एडिक्ट) : रोमिला थापर : अशोक; पृष्ठ 262)। अशोक ने इस आदेश को शिलाओं पर उत्कीर्ण करवा कर भी प्रचारित किया। ऐसा प्रतीत होता है कि अशोक ने बौद्धसंघ के 'प्रधान' का दायित्व भी स्वीकार कर लिया था। बौद्धसंघ के प्रधान की हैसियत से ही उसने भिक्षु और भिक्षुणियों को अनुशासन भंग करने पर संघ से निष्कासित करने की धमकी दी थी। बौद्धसंघ के प्रधान के रूप में ही उसने अन्तरराष्ट्रीय बौद्ध समवाय में भाग लेने आये देशी-विदेशी भिक्षुओं का स्वागत सन्देश शिलालेख पर उत्कीर्ण करवाया था।

उस समय बौद्ध और अबौद्ध श्रमणों के वैचारिक विभेद के अतिरिक्त बौद्धों में आन्तरिक विभेद भी चल रहा था। बौद्धसंघ विभज्जवादियों (थेरवादी) और सर्वस्तिवादियों के बीच विभाजित था। थेरवादियों के नेता थे मोगालिपुत्त तिस्स, और सर्वस्तवादियों के उपगुप्त। अशोक के राज्याभिषेक के अठारह वर्ष पश्चात, अशोक के संरक्षण में, और मोगालिपुत्त तिस्स की अध्यक्षता में तीसरा बौद्ध महासम्मलेन आयोजित किया गया। इसमें भाग लेने हजारों बौद्ध भिक्षु विदेशों से भी आये।

सम्मेलन में थेरवाद को स्वीकार किया गया और सर्वास्तिवाद को अस्वीकृत। इसमें अनेक भिक्षुओं को बौद्धधर्म के प्रचार के लिए विदेशों में भेजे जाने का निर्णय लिया गया। इसमें ही अशोक के पुत्र महिंद को धम्म प्रचार के लिए श्रीलंका भेजे जाने का निर्णय लिया गया। सम्मलेन के अन्त में हजारों भिक्षुओं ने अशोक को साधुवाद के साथ 'धम्माशोक' की उपाधि दी (महावंस एवं दीपवंस)। अशोक ने अपने राज्याभिषेक के छब्बीस-सत्ताईस वर्ष पूरे होने पर अपनी आज्ञाओं के दो अन्तिम शिलालेख स्थापित करवाये।

अशोक के सब शिलालेख धर्म से सम्बन्धित हैं। अपने शिलालेखों में अशोक धर्म के लिए 'धम्म' शब्द का प्रयोग करता है, इसलिए अशोक के सन्दर्भ में यहाँ भी 'धम्म' का प्रयोग किया जा रहा है। अपने शिलालेखों के माध्यम से अशोक चाहता था कि उसकी प्रजा धम्म का पालन करे। क्या था धम्म? अशोक के शब्दों में :

"देवानांपिय राजा पियदस्सी ऐसा कहते : धम्म जैसा कोई उपहार नहीं है, धम्म से परिचय जैसा कोई परिचय नहीं है, धम्म जैसा कोई दान नहीं है, और धम्म जैसा कोई सम्बन्धी नहीं है। धम्म है– परिचरों तथा कर्मचारिओं के प्रति उचित व्यवहार, माता-पिता के प्रति सम्मान, मित्रों, साथियों, सम्बन्धियों, ब्राह्मणों और श्रमणों के प्रति उदारता तथा जीवित प्राणियों की हत्या न करना।" (वृहत् शिलालेख संख्या-11)

"...सेवकों और कार्मिकों के प्रति उचित व्यवहार, शिक्षकों के प्रति सम्मान, सब प्राणियों के लिए करुणा, तथा श्रमणों एवं ब्राह्मणों के लिए उदारता। ये धम्म के अंग हैं।" (वृहत् शिलालेख संख्या-9)

"धम्म श्रेष्ठ है। किन्तु धम्म क्या है? दुष्कर्म नहीं, अधिक सत्कर्म, दयालुता, उदारता, सत्यता, तथा दुर्गुणहीनता।" (स्तम्भ शिलालेख संख्या-2)

"माता तथा पिता के प्रति आदर, वृद्धजनों के प्रति शिष्टाचार, और ब्राह्मण एवं श्रमण तथा दरिद्र, दुखी, सेवक और कार्मिकों तक के प्रति उचित व्यवहार।" (स्तम्भ शिलालेख संख्या-7)

अशोक के सब शिलालेख उसके अभिषेक के तेरहवें वर्ष से अट्ठाईसवें वर्ष के बीच उत्कीर्ण किये गये थे। इसमें अशोक ने जो धम्म की परिभाषा दी है, उसको किसी धर्म विशेष से नहीं जोड़ा जा सकता। उसका धम्म सब धर्मों का सार, अथवा मानवीय नैतिक मूल्यों

का संग्रह कहा जा सकता है। इस अवधि में यद्यपि अशोक की बौद्ध धर्म के प्रति आस्था सघन हुई, और वह बौद्ध उपासक भी दीक्षित हुआ, किन्तु उसने प्रजा में बौद्धधर्म का प्रचार नहीं किया; उसमें उसने केवल वैश्विकरूप से स्वीकृत नैतिक मूल्यों और सर्वधर्म समभाव तथा सर्वधर्म सम्मान के सिद्धान्त का अनुपालन किया :

"देवानांपिय राजा पियदस्सी चाहते हैं कि सब सम्प्रदाय सर्वत्र हों, क्योंकि वे सब आत्म-संयम तथा हृदय की शुद्धता चाहते हैं।" (वृहत् शिलालेख संख्या-7)

देवानांपिय राजा पियदस्सी ...की दृष्टि में इसका बड़ा मूल्य है कि सब सम्प्रदायों के आधारभूत तत्त्वों की वृद्धि हो। ...इसके मूल में है वाणी पर संयम : केवल अपने सम्प्रदाय की प्रशंसा अथवा दूसरे के सम्प्रदाय की अकारण भर्त्सना न करना । यदि आलोचना का कारण हो तो उसे सौम्यता से करना चाहिए।..." (वृहत् शिलालेख संख्या-12)

अशोक की साम्प्रदायिक उदारता, उसके अपने मौलिक चिंतन का आविष्कार था। इसीलिए बौद्ध उपासक होते हुए भी उसने आजीवकों को दो गुफाएँ दान में दी थीं। उसने धर्ममहामात्रों को यह आदेश दिया था कि वे सब सम्प्रदायों की वृद्धि के लिए कार्य करें (वृहत् शिलालेख संख्या-12')। निर्ग्रंथों के दमन के पश्चात भी उनके कल्याण के लिए अशोक ने धर्ममहामात्रों को आदेश दिये (वृहत् शिलालेख संख्या-7)।

अशोक का अन्तिम शिलालेख उसके राज्याभिषेक के सत्ताईस वर्ष के बाद का है। राज्याभिषेक के सैंतीसवें वर्ष में उसकी मृयु हो गयी। जीवन के अन्तिम दस वर्षों में अशोक ने प्रजा में नैतिक मूल्यों के प्रचार का एक भी शिलालेख नहीं प्रकाशित किया। इन दस वर्षों में अशोक का बौद्धधर्म के प्रति समर्पण इतना प्रगाढ़ हो गया कि उसका प्रजा में नैतिक मूल्यों, सर्व सम्प्रदाय समभाव एवं सर्व सम्प्रदाय सम्मान का अभियान शिथिल हो गया। वह अब प्राणपण से बौद्धधर्म के प्रचार में संलग्न हो गया। उसने 84000 स्तूपों के निर्माण का बीड़ा उठा लिया। इसी अवधि में जब वह लगभग पैंसठ वर्ष का था, उसके जीवन में तिष्यरक्षिता का प्रवेश हुआ।

अशोक ने तिष्यरक्षिता से विवाह करके उसे अपनी पटरानी बनाया। 'अशोकावदान' में उल्लेख है कि अशोक ऐसे किसी गम्भीर रोग से ग्रस्त हो गया, जिसका उपचार उपलब्ध नहीं था। तिष्यरक्षिता

ने अपनी बुद्धि और आयुर्वेदिक प्रयोग से उस रोग का उपचार ढूंढ़ा, और अशोक को रोगमुक्त किया। इसके कारण उसका जादू अशोक पर पूरी तरह छा गया। इसका लाभ उठाते हुए तिष्यरक्षिता ने अशोक के कुणाल नामक पुत्र के वध का षड्यंत्र रचा, जब उसने तिष्यरक्षिता के प्रेम-प्रस्ताव को अस्वीकार कर दिया।

'महावंस' के अनुसार तिष्यरक्षिता ने बोधिवृक्ष में विषलेपित अपना केश-काँटा चुभा दिया, जिससे वह सूख गया। अशोक को इससे अपार दुःख हुआ। वह बड़ी कठिनाई से बोधिवृक्ष को पुनर्जीवित कर सका। इन अपराधों के लिए अशोक ने तिष्यरक्षिता को जीवित ही जलवा दिया।

जीवन के अन्तिम वर्षों में अशोक की बौद्धधर्म के प्रति आस्था बहुत सघन हो गयी थी। जैसे किसी उन्माद ने उसे जकड़ लिया हो। 'अशोकावदान' के शब्दों में–

"अशोक ने 84000 स्तूपों में से प्रत्येक को एक लाख स्वर्ण मुद्राएँ दीं। उसने बुद्ध के जन्मस्थल, बोधिवृक्ष, जहाँ धर्मचक्र का तथागत ने प्रवर्तन किया था, और जहाँ उनका परिनिर्वाण हुआ था। उन सबको एक एक लाख-हजार स्वर्ण मुद्राएँ दीं। फिर पंचवर्षीय उत्सव में 30000 भिक्खुओं के स्वागत में 400,000 स्वर्ण मुद्राएँ व्यय कीं।...उसने आर्य संघ को भी चार लाख स्वर्ण मुद्राएँ भेंट कीं।...इस प्रकार शाक्यमुनि की शिक्षाओं के लिए कुल भेंटराशि 96 कोटि होती है।..."

अशोक की अतिशय दानशीलता ने मगध के राजकोष को रिक्त कर दिया। प्रतिक्रिया में मंत्रियों ने अशोक को सिंहासन से हटा दिया। अशोक के अन्तिम दिनों की एक करुणकथा 'अशोकावदान' में मिलती है। जब एक बौद्धभिक्षु अशोक के पास भिक्षा के लिए आया, तो उसके पास भिक्षा देने के लिए कुछ नहीं था, सिवाये एक फल के। ऐसा अन्त था देवताओं के प्रिय, और प्रियदर्शी मगध सम्राट का, जिसका साम्राज्य आसेतु हिमालय एवं पूर्वी सागर से पश्चिमी सागर तक विस्तृत था, और जिसका धम्म-सन्देश पश्चिमी एशिया, मिस्र और यूनान के राजाओं–'एन्तिओकस', 'टोलेमी', 'एन्तिगोंनस', 'मागास' तथा 'अलिकसुन्दल' के साम्राज्यों में गूँजता था।

कामाशोक : चंडाशोक : धम्माशोक

तिब्बती बौद्ध इतिहासकार तारानाथ लिखता है कि अपनी नवायु

में अशोक विलासी और कामुक था, इसलिए लोगों ने उसका नाम कामाशोक रख दिया था। राजा बन कर वह अपनी क्रूरता के लिए कुख्यात था, इसलिए चंडाशोक नाम से जाना जाने लगा। किन्तु बुद्ध की शरण में जा कर, अपनी करुणा के लिए वह लोक में धम्माशोक के नाम से विख्यात हुआ।

अशोक पर नाटक लिखने के लिए जब उसके जीवन का अध्ययन किया, तब मुझे लगा कि उसका जीवन इतना सरल नहीं था, जितना तारानाथ ने लिखा है। वह एक सीधी रेखा नहीं है। उसमें अनेक मोड़ और उलझाव हैं। अशोक अन्ततः एक मनुष्य था, देवता नहीं। मनुष्य की सब दुर्बलताएँ उसमें थीं। उसके जीवन में कामाशोक, चंडाशोक और धम्माशोक एक के बाद एक नहीं आये। वे तीनों, उसके शरीर में एक साथ, लगातार, जीवनपर्यन्त जीवित रहे। वह कामाशोक केवल नवायु में ही नहीं था। देवी के बाद उसके अन्तःपुर में पांच सौ स्त्रियाँ, फिर उसकी घोषित पत्नियाँ– असंधमित्ता, पद्मावती और कारुवाकी! फिर वृद्धावस्था में तिष्यरक्षिता! वह आजीवन काम से मुक्ति नहीं पा सका।

पितृहन्ता अशोक! भ्रातृहन्ता अशोक! पूरे अन्तःपुर का अग्निदाह करने वाला अशोक, कलिंग में नरसंहार करनेवाला अशोक! सैनिकों को निर्ग्रन्थ श्रमणों की हत्या का आदेश देनेवाला अशोक! तिष्यरक्षिता को जीवित जला देनेवाला अशोक! उसके भीतर सदा ही चंडाशोक जीवित रहा।

साथ ही उसमें धम्माशोक भी सजीव था, जो सतत संघर्षरत था–कामाशोक और चंडाशोक के विरुद्ध। इसके प्रमाण है अशोक के शिलालेख जो आज भी उसकी सदाशयता के साक्षी हैं। वह विश्व इतिहास का पहला शांतिकामी राजा था जिसने युद्ध न करने की घोषणा की थी। दीन, दुखियों, दरिद्रों, वृद्धों, मूक पशुओं तक के प्रति करुणा से प्रेरित होकर, अशोक ने उनके कल्याण के लिए राज्याधिकारी नियुक्त किये। अपनी दुर्बलताओं के होते हुए भी अशोक विश्व के महान शासकों में से एक था।

अशोक के चरित्र की जटिलता और विरोधाभास इतने नाटकीय हैं कि मैं उन पर नाटक लिखने के लिए प्रेरित हुआ। लगभग 35 वर्ष पूर्व मैं फीजी द्वीप में भारतीय सांस्कृतिक केन्द्र के निदेशक पद पर

कार्यरत था। संयोग से, किसी दूसरे सन्दर्भ में मैंने वहाँ के पुस्तकालय से रोमिला थापर द्वारा रचित 'अशोक' निकलवाई। उसको पढ़ते हुए मैंने निश्चय किया कि अशोक पर नाटक लिखूँगा। पैंतीस वर्ष पूर्व पड़ा बीज आज पल्लवित हो रहा है। फारसी में एक कहावत है–'देर आयद, दुरुस्त आयद'!

रचनात्मक हस्तक्षेप

प्रायः हीनग्रंथि से युक्त व्यक्ति अपनी हीनता छिपाने के लिए कुछ ऐसा करना चाहते हैं जिससे सिद्ध कर सके कि वे किसी से कम या हीन नहीं हैं। अपनी हीनता छिपाने का उनका प्रयत्न प्रायः अतिकामुकता, अतिवीरता, अतिक्रूरता अथवा अतिधार्मिकता में अभिव्यक्त होता है। वे अपनी हीनता ढँकने लिए सदा आवरण खोजते हैं या आविष्कार करते हैं। मैंने नाटक में इस बात का प्रयत्न किया है कि नाटक उपलब्ध ऐतिहासिक साक्ष्यों और तथ्यों तक सीमित रहे। अशोक कुरूप था। उसने अपनी कुरूपता छिपाने के लिए अपना राजसी नाम रखा– पियदस्सी, अर्थात् प्रियदर्शी (देखने में सुन्दर)। इस तथ्य का विवेचन करने के लिए किसी बहुत बड़े मनोवैज्ञानिक की आवश्यकता नहीं है। स्पष्ट ही अशोक अपनी कुरूपता के कारण हीनता से ग्रस्त था, इसलिए उस पर आवरण डालने के लिए उसने अपना नाम रखा पियदस्सी। अशोक ने अपने प्रायः सभी शिलालेख 'पियदस्सी' नाम से जारी करवाये हैं। हीनग्रंथि से पीड़ित व्यक्ति सहानुभूति का भी पात्र होता है। कोई कुरूप है, यह उसका दोष तो नहीं। फिर भी वह जाने-अनजाने, बिना चाहे प्रताड़ित और अवहेलित होता है। उसकी वेदना का चित्रण किसी भी नाटककार के लिए चुनौती होगा। मैंने नाटक में अशोक के चरित्र का शिल्पांकन सहानुभूति से किया है।

सभी बौद्धग्रन्थों में तिष्यरक्षिता का चित्रण बौद्धधर्म विरोधी खलनायिका के रूप में किया गया है। उनमें इसका कोई संकेत नहीं है कि वह बौद्धधर्म विरोधी क्यों थी? प्रायः पश्चिमी इतिहासकारों ने, जो योरप में रोमन कैथोलिक और प्रोटेस्टेंट द्वन्द्व से परिचित थे, इसे भी धार्मिक संघर्ष के चश्मे से देखा है। उन्होंने यह माना है कि अशोक के बौद्धधर्म के प्रति पक्षपात के विरुद्ध तिष्यरक्षिता ब्राह्मण प्रतिरोध की प्रतीक थी। मेरी दृष्टि में तथ्यों का ऐसा निरूपण दोषपूर्ण

है। किसी प्राचीन ग्रन्थ में ऐसा कोई संकेत नहीं है, जिससे यह निष्कर्ष निकाला जा सके कि उस समय ब्राह्मण (वैदिकजन) और श्रमण संघर्षरत थे। अशोक अपने प्रायः हर शिलालेख में अपनी प्रजा को ब्राह्मणों और श्रमणों का बराबर से सम्मान करने का आदेश देता है। अपनी यात्राओं में भी वह दोनों को बराबर से स्वर्णदान करता है। अतएव ब्राह्मणों के अशोक के विरुद्ध होने या उसके विरुद्ध षड्यन्त्र रचने का कोई तर्कसंगत कारण नहीं प्रतीत होता। अशोक उदारमना था। बौद्धधर्म स्वीकार करने के बाद भी उसने आजीवकों को संरक्षण देना बन्द नहीं किया। उनको दो गुफाएँ दान में देने के शिलालेख साक्ष्यरूप में उपलब्ध हैं। पाटलिपुत्र के कुक्कुटाराम विहार में उसने बौद्ध श्रमणों के साथ आजीवक, जैन, निर्ग्रन्थ आदि श्रमणों के रहने की आज्ञा दी थी, जो उसकी धार्मिक सहिष्णुता का परिचायक है। जो राजा सब सम्प्रदायों को एक-दूसरे का सम्मान करने को कहे, उसमें कठमुल्लापन हो ही नहीं सकता। इसका भी कोई प्रमाण नहीं है कि अशोक ने कभी ब्राह्मणों का अपमान किया हो या उन पर अत्याचार किया हो। अतएव ब्राह्मण-विद्रोह की प्रस्तावना स्वीकार योग्य नहीं है। इस परिप्रेक्ष्य में मैंने नाटक में तिष्यरक्षिता को, अशोक के विरुद्ध, किसी ब्राह्मण (वैदिक) प्रतिरोध से सम्बद्ध नहीं दर्शाया है।

तिष्यरक्षिता ने अशोक के रोग का सफल उपचार किया था। इस आधार पर, मैंने नाटककार की रचनात्मक स्वायत्तता का लाभ लेते हुए, तिष्यरक्षिता को, एक वैद्य के रूप में दर्शाया है। यह मेरी परिकल्पना है कि वह एक कलिंगकन्या भी थी, जो कलिंग पर अशोक द्वारा किये गये नरसंहार का प्रतिशोध लेने, एक षड्यन्त्र के अन्तर्गत, पैंसठ वर्षीय वृद्ध अशोक से विवाह करके मगध के राजमहल में प्रवेश करती है। अशोक को क्लेश देने के लिए वह बोधिवृक्ष को आहत करती है, और उसके पुत्र कुणाल (मगध के भावी उत्तराधिकारी) का वध करने का षड्यन्त्र करती है। हुएनसांग के अनुसार "तिष्यरक्षिता को मृत्युदंड देकर अशोक ने अपने दरबार के अनेक सामन्तों को मृत्युदंड दिया, कुछ को राज से निष्कासित किया और कुछ को परिवार सहित मरुस्थल या हिम प्रदेशों में भेज दिया।" (चार्ल्स एलेन : अशोक; पृष्ठ 392) स्पष्ट ही तिष्यरक्षिता अकेली नहीं होगी अपने अभियान में। तभी अशोक ने केवल तिष्यरक्षिता को ही मृत्युदंड नहीं दिया, अपितु राज्य के अनेक

सामन्तो आदि को मृत्युदंड एवं निष्कासन का दंड दिया।

अशोक भ्रातृहन्ता था, और पितृहन्ता भी। फिर भी वह अपने शिलालेखों में माता-पिता के सम्मान और सम्बन्धियों के प्रति उदारता की शिक्षा अपनी प्रजा को देता है। अशोक के जीवन की जटिलता को समझ पाना कठिन लगता है। बौद्धग्रन्थों के अनुसार अशोक पहले एक दानव था, जो बुद्ध की शरण में आ कर देवता बन गया। इसके पीछे बौद्धधर्म को महिमामंडित करने की भावना अधिक प्रतीत होती है, जिसने अशोक जैसे दानव को देवता बना दिया। मेरी दृष्टि में अशोक न दानव था, न देवता। वह मनुष्य था, विशुद्ध मनुष्य। हम सबकी तरह आधा काला, आधा सफेद। जिसके पग सदैव धरती पर रहते हैं, किन्तु शिर सदा आकाश की तरफ। इस सन्दर्भ में मुझे अपने एक नाटक 'कथा एक कंस की' के कुछ संवाद याद आ रहे हैं :

देवकी : तुम क्या हो?

कंस : तुम स्वयं देख रही हो।

देवकी : पहेली?

कंस : नहीं मनुष्य।

देवकी : मनुष्य ऐसा होता है?

कंस : हाँ, ऐसा ही।

देवकी : दानव सा?

कंस : हाँ दानव सा, और देवता सा भी। मनुष्य की यही तो विडम्बना है... देवता और दानव में बँटा... आधा-आधा...।

मैंने अशोक के माध्यम से सामन्य मनुष्य की, देवत्व को स्पर्श करने की ललक को रूपायित करने का प्रयत्न किया है। उसकी जीवन-यात्रा के माध्यम से मैंने जीवन की अन्ततः असंगता और निस्सारिता को रेखांकित किया है।

नाट्य अध्येताओं से

समकालीन भारत में अंग्रेजी का इतना प्रभाव है कि हिन्दी नाटक का भी, प्रायः मोटा-मोटा वर्गीकरण 'ट्रेजेडी' या कॉमेडी' में किया जाता है। कुछ आगे बढ़ें, तो 'हिस्टोरिकल', 'फार्स', 'मेलोड्रामा', 'म्यूजिकल' आदि के साँचे में फिट किया जाता है। भरत नाट्यशास्त्र में वर्णित नाटकों का वर्गीकरण आधुनिक नाटकों पर लागू नहीं होता। तो नाटक

'सम्राट अशोक' का पश्चिमी नाटकों के वर्गीकरण में कहाँ स्थान है? शायद इसे 'बायोपिक' कहा जा सकता है। 'बायोपिक' शब्द का अर्थ है—जीवनी आधारित पिक्चर। पश्चिमी जगत में फिल्म के माध्यम से यह शब्द नाटक के क्षेत्र में आया है। अतएव इस नाटक को भी कदाचित 'बायोपिक' (जीवनी आधारित नाटक) कहा जा सकता है।

मैंने लगभग सवा दो घंटे कि अवधि में अशोक के जीवन के लगभग अड़सठ-सत्तर वर्ष समेटने के कोशिश की है। अशोक के जीवन की प्रमुख घटनाओं को, जिनसे उसके जीवन की दिशाओं के संकेत मिलते हैं, रूपायित किया है। मैंने अशोक के जीवन को उन घटनाओं पर केन्द्रित किया है, जिन्होंने अशोक को अशोक बनाया, जो वह अन्ततः था।

एक अशोक ही नहीं, हर व्यक्ति दो स्तर पर जीवन जीता है। एक स्तर है अन्तरंग, जहाँ माता-पिता, बन्धु-बान्धव, सहचरी और सन्तान की ऊष्मा और पारस्परिक विश्वास जीवन को अर्थ देते हैं। दूसरा स्तर है बहिरंग, जिसमें दूसरे से आगे बढ़ कर, पर्वत के उत्तुंग शिखर पर चढ़कर, नीचे खड़े, हारे हुए लोगों से जयजयकार सुनने की ललक है, जो अन्ततः निरर्थक सिद्ध होती है। अशोक के जीवन के माध्यम से मानव जीवन के विरोधाभासों तथा उससे उपजी त्रासदी का ताना-बाना रंगमंच के लिए बुना है। इस परिप्रेक्ष्य में यह नाटक केवल अशोक की कहानी नहीं है। यह तेरी-मेरी हम सबकी कहानी है।

नाटक के प्रकाशन के पूर्व, पाण्डुलिपि पढ़कर, विख्यात नाटय-समीक्षक जयदेव तनेजा तथा प्रसिद्ध नाट्य-निर्देशक देवेंद्र राज अंकुर ने मुझसे कहा कि नाटक का अन्तिम दृश्य सर्वश्रेष्ठ है, और उसने उनको सर्वाधिक प्रभावित किया। इसने मुझे नाटक की रचना के प्रति आश्वस्त किया। आज से लगभग पचास वर्ष पूर्व अंग्रेजी भाषा के प्रसिद्ध नाटककार जे बी प्रीस्टले का नाटक-विधा पर एक व्याख्यान सुना था। उन्होंने कहा था—"जिस तरह उपन्यास की सफलता के लिए उसकी शुरुआत रुचिकर होनी चाहिए, उसी तरह नाटक का अन्त प्रभावी होना चाहिए। अगर उपन्यास का आरम्भ रुचिकर नहीं होगा, तो पाठक शेष उपन्यास नहीं पढ़ेगा। वह आरम्भिक अंश पढ़कर ही उपन्यास फेंक देगा। इसी तरह नाटक का आरम्भ, चाहे कितना ही धीरे-धीरे गति पकड़ने वाला हो, उसका अन्त इतना प्रभावी होना चाहिए

कि दर्शक उसकी याद लेता हुआ घर जाये। नाटक का अन्त ही नाटक को परखने की कसौटी होता है।" मैं आश्वस्त हूँ कि जयदेव तनेजा और देवेंद्र राज अंकुर ने इस कसौटी पर नाटक को खरा पाया।

रंगकर्मी बिरादरी से

अब अपनी रंगकर्मियों की बिरादरी से दो-चार बातें। मैं नाटक को द्विज कहता रहा हूँ, क्योंकि नाटक ऐसी विधा है जो दो बार जन्म लेती है। एक बार नाटककार के मन-मस्तिष्क में, तथा दूसरी बार जब कोई निर्देशक उसे मंच पर प्रस्तुत करता है। इधर मैंने अनुभव किया नाटक को अलग-अलग निर्देशक अलग-अलग जन्म देते हैं। इस प्रकार नाटक के कितने ही जन्म हो जाते हैं। इस दृष्टि से नाटक को द्विज नहीं, बहुजन्मी कहना उचित होगा। साथ ही नाटक द्विआयामी भी होता है। वह साहित्य भी है, और कला भी। जब वह लिखा जाता है, और साहित्य की अन्य विधाओं, जैसे कहानी, कविता, उपन्यास आदि के समान पाठकों द्वारा पढ़ा और सराहा जाता है, तब वह साहित्य है। उसका साहित्य की अन्य विधाओं के समान परीक्षण किया जा सकता है। यह नाटक का एक आयाम है। और जब वह रंगमंच पर प्रस्तुत होता है, तब वह कला की श्रेणी में होता है—किसी भी अन्य रंगमंचीय कला जैसे संगीत, नृत्य, कठपुतली कला आदि के समान। यह नाटक का दूसरा आयाम है। हम सब जानते हैं ऐसे बहुत से नाटक हिन्दी में लिखे गये हैं और अभी भी लिखे जा रहे हैं, जो पढ़ने में बहुत आनन्द देते हैं और साहित्यिक मूल्यों से भरपूर हैं, किन्तु रंगमंच पर सफल नहीं होते, अथवा अपनी शिल्पगत त्रुटियों के कारण जिनका मंचन सम्भव ही नहीं है। इसके विपरीत ऐसे भी नाटक लिखे जाते हैं, जो रंगमंच पर बड़ी सफलता से खेले जाते हैं। वे प्रायः हँसी-मजाक से भरे चुटकुलों की लड़ी को मंच पर प्रस्तुत कर या सस्ते गीत-संगीत और मंचीय ध्वनि-प्रकाश के चमत्कार के सहारे दर्शकों को रिझाने में सफल हो जाते हैं। किन्तु ऐसी प्रस्तुतियों के आलेख साहित्यगत मूल्यों में शून्य होते हैं। प्रश्न यह है इन दोनों श्रेणियों के नाटकों में श्रेष्ठ कौन है? मेरी दृष्टि में श्रेष्ठ नाटक वही है जो लिखित नाटक के रूप में साहित्यगत कसौटी पर खरा उतरे, और साथ ही मंच पर भी उतना ही सफल सिद्ध हो। इन दोनों कसौटियों पर जो नाटक खरा सिद्ध हो,

वही नाटक कालजयी होगा, जैसे शेक्सपियर के नाटक। मैं इस तथ्य के प्रति सजग हूँ, इसलिए मैं अपनी तरफ से नाटक के दोनों आयामों को सँवारने का प्रयास करता हूँ। इसमें कहाँ तक सफल हुआ, यह तो समीक्षक ही निश्चित करेंगे, या इस लिखित नाटक को दूसरा जन्म देने वाले निर्देशक।

नाटक लिखना अत्यन्त कठिन कार्य है, इसीलिए बहुत कम साहित्यकार नाटक लिखते हैं। कहानी, कविता, उपन्यास आदि का लेखन एक नदी के बहाव की तरह, ढलान के साथ साथ एक दिशा में होता है। इसके विपरीत नाट्यलेखन में नदी की सीधी धारा पर अनेक बाँध बनाने पड़ते हैं, बहाव को रोककर विपरीत दिशा में बहाना पड़ता है। नाट्यालेखन मंच की सीमाओं से बंधा होता है। उदाहरण के लिए, नाटक के पहले आलेख में तिष्यरक्षिता एक दृश्य में वैद्य के रूप में है। उसके ठीक अगले दृश्य में वह रानी के रूप में आती है। नाटक लिखने के बाद अचानक मैंने महसूस किया कि पहले दृश्य में वैद्य के कपड़े पहनी हुई तिष्यरक्षिता को अगले दृश्य के लिए रानी के कपड़े पहनने के लिए समय चाहिए। अतएव मुझे इन दोनों दृश्यों को पुनः लिखना पड़ा, जिससे अभिनेत्री को अपनी भूमिका के अनुसार वेश-परिवर्तन हेतु समय मिल सके। उपन्यासकार को सुविधा है कि अपनी बात कहने के लिए उस पर किसी प्रकार का अवरोध नहीं है। उपन्यास दो सौ पृष्ठों का भी हो सकता है, और बारह सौ पृष्ठों का भी। लेकिन नाटक लेखन में बन्धन ही बन्धन! प्रस्तुति अवधि किसी भी हालत में दो घंटे से अधिक नहीं होनी चाहिए। इतनी देर कौन बैठेगा? दर्शक 'बोर' हो जायेंगे। इस आशंका से ग्रसित होकर मैंने भिक्खु निग्रोध पर केन्द्रित दृश्य, नाटक के अन्तिम आलेख्य से हटा दिया। फिर नाटक के निर्देशक की सम्भावित कठिनाइयाँ भी तो नाटक की रचना को प्रभावित करती हैं। नाटक में अधिक पात्र नहीं होने चाहिए! अधिक दृश्य नहीं होने चाहिए! सीधे सपाट मंच पर, बिना 'सेट्स' के नाटक हो जाए तो सबसे अच्छा!...क्योंकि महँगी प्रस्तुति अधिकाँश नाट्य दलों की हैसियत के बाहर होती है। और महिला-पात्र! उनकी कमी तो सदा ही रहती है। महिला-पात्र जितने कम हों, उतना अच्छा। रंगमंच की यही चुनौतियाँ रंगकर्मियों को आकर्षित करती हैं। नाटककार और निर्देशक को पूरे विश्व के

कार्यकलाप और समय के निस्सीम विस्तार को रंगमंच के सीमित दायरे में अल्पावधि में समेटना पड़ता है। यह सही है कि आधुनिक टेक्नोलोजी ने मंच की सीमाओं का विस्तार किया है। किन्तु आज के भारत में, जहाँ प्रायः सम्पूर्ण थियेटर अभी भी शौकिया क्षेत्र में है, टेक्नोलोजी रंगकर्मियों की पहुँच के बाहर है। ऐसे में नाटक की अभिनेयता अक्षुण्ण रखना और उसे मंचसिद्ध करना कठिन और दुरूह होता है। सौभाग्य से नाट्य-मंचन और निर्देशन से मैं एक लम्बे अरसे से सम्बद्ध रहा हूँ, इसलिए इन कठिनाइयों के बावजूद नाटक लिखने का हठ करता रहा हूँ। यह एक और हठ।

अन्त में

राम और कृष्ण हमारे महानायक हैं। हमारे आदर्श, हमारे चिन्तन, हमारी आकांक्षा, हमारी संस्कृति; और हमारी परम्परा के पर्यायवाची हैं। और जब, ऐसे महापुरुषों के जीवन हमारे मनीषी, वाल्मीकि और वेदव्यास रचते हैं, तो उनके अन्त की त्रासदी विलोपित नहीं करते। वे जीवन को समग्रता से देखते हैं। वे जानते हैं कि जन्म ही मृत्यु का दूसरा नाम है। बिना जन्म के मृत्यु नहीं। सुख-दुःख, जय-पराजय, यश-अपयश, प्रेम-घृणा, राग-विराग की कड़ियों से ही बनती है– जीवन की शृंखला। मैंने भी इसी दृष्टि से अशोक के जीवन के श्याम-श्वेत रंगों को उकेरा है। अशोक अन्ततः जीवन की निस्सारिता का साक्षात्कार करता है। यह मेरे लिए कठिन नहीं है, क्योंकि आज, जीवन के अन्तिम चरण में, जब मैं पीछे मुड़कर देखता हूँ, तब यात्रा का कहीं न पहुँच पाने वाला आदि नहीं, अन्त देख रहा हूँ। कहीं अपना यही अन्त तो मैंने 'देवानांपिय राजा पियदस्सी' की जीवनयात्रा के अन्त में नहीं देख लिया?

दया प्रकाश सिन्हा

पात्र-परिचय

देवी	:	अशोक की प्रेमिका/पत्नी
तिष्यरक्षिता	:	अशोक की पटरानी
नन्दिता	:	राजभवन की दासी
दासी	:	देवी की दासी
अशोक	:	मगध का राजा
तिस्स	:	अशोक का अनुज
राधागुप्त	:	मगध का महामंत्री
उपगुप्त	:	कुक्कुटाराम विहार का स्थविर
सागरमते	:	बौद्ध भिक्खु
बिन्दुसार	:	अशोक का पिता
कुणाल	:	अशोक का पुत्र
महिन्द	:	अशोक का पुत्र
कात्यायन	:	बौद्ध भिक्खु
समुद्र	:	बौद्ध भिक्खु
चक्रपाणि	:	वैद्य
शब्दकार	:	शिलालेख लिखने वाला
रूपकार	:	रूपसज्जा करने वाला
तीन सैनिक	:	राजा के सैनिक

टीप : *भिक्खु समुद्र, भिक्खु कात्यायन, वैद्य चक्रपाणि, शब्दकार, रूपकार, कुणाल, महिन्द, बिन्दुसार तथा सैनिक त्रय की भूमिकाएँ संक्षिप्त तथा एक-दृश्यीय हैं।*

प्रथम प्रस्तुति

रंगभूमि द्वारा नाटक 'सम्राट अशोक' की प्रथम प्रस्तुति दिनांक 27 नवम्बर 2013 को श्रीराम ऑडिटोरियम, मण्डी हाउस, नयी दिल्ली में सम्पन्न हुई जिसमें निम्नलिखित कलाकारों ने भाग लिया :

मंच पर

अशोक	:	जे.पी. सिंह
देवी	:	चित्रा सिंह
राधागुप्त	:	मदन डोगरा
दासी	:	डिम्पल कल्शन
बिन्दुसार	:	प्रवीण जैन
नन्दिता	:	निशा भटनागर
तिस्स	:	दीपक कुमार
सभासद-1	:	शिरीष पाण्डा
सभासद-2	:	भानु प्रताप सिंह
रूपकार	:	अविनाश तोमर
भिक्खु समुद्र	:	जितेन्द्र चौहान
सागरमते	:	रोहित त्रिपाठी
शब्दकार	:	भानु प्रताप सिंह
उपगुप्त	:	अरुण सोदे
चक्रपाणी	:	प्रवीण जैन
तिष्यरक्षिता	:	सरिता राणा
कात्यायन	:	राकेश शर्मा
कुणाल	:	योगेश कुमार
महिन्द	:	आशीष शर्मा

निर्देशक : दया प्रकाश सिन्हा

सैनिक	:	अनूप सग्गड़, जितेन्द्र चौहान, जितेन्द्र कुमार
बौद्ध भिक्खु	:	योगेश कुमार, राकेश शर्मा, आशीष शर्मा, अविनाश तोमर, शिरीष पाण्डा, सुरजीत सिंह रवि

मंच परे

प्रकाश	:	आर. के. ढींगरा
दृश्यबंध	:	वेद पाहूजा
संगीत संकलन	:	आख्या जयवर्धन
संगीत संचालन	:	राजीव लोचन
वेशभूषा	:	डालचन्द
रूपसज्जा	:	हरि सिंह खोलिया

निर्देशक : दया प्रकाश सिन्हा

दृश्य-1

पात्र : *अशोक, देवी।*

स्थान : *उज्जयिनी के शासक अशोक के निवास का एक कक्ष।*

(कक्ष में एक छोटी मेज़ पर गौतम बुद्ध की मूर्ति। उसके सामने पूजा की सामग्री जैसे धूपदानी, दीपक तथा थाली में फूल आदि रखे हैं। कुछ दूर पर एक कुर्सी रखी है। पर्दा खुलने पर कुर्सी पर बैठा अशोक पत्र पढ़ रहा है। अशोक के बायें गाल पर एक रुपये बराबर एक काला दाग़ है। देवी का प्रवेश। उसके हाथ में पूजा का थाल है।)

अशोक : **(प्रसन्न होकर)** ओह देवी! तुम आ गयीं! हम तुम्हारी प्रतीक्षा कर रहे थे।

देवी : सुनकर अच्छा लगता है।

अशोक : क्या?

देवी : यही कि तुम मेरी प्रतीक्षा कर रहे थे।

अशोक : ऐसा क्यों कहती हो?

देवी : सच ही तो कहती हूँ। तुम अशोक! उज्जयिनी के शासक। तुम्हारे न दिन का पता, न रात का। काम, बस काम। दिन-रात काम में व्यस्त रहते हो। तुम्हारे पास इतना समय भी नहीं कि स्मरण कर सको—कोई देवी नाम की स्त्री है, जो बेचारी दिन-रात घर पर अकेली रहती है—प्रतीक्षारत।

अशोक : वह बेचारी इतनी बेचारी है कि उज्जयिनी के शासक अशोक पर शासन करती है। आज उससे मिलने के

देवी और दासी

लिए उज्जयिनी का शासक दो घंटे से बैठा है। कहाँ गयी थीं?

देवी : आज बुद्ध पूर्णिमा है। नव विहार में विशाल उत्सव है। वहीं गयी थी। **(पूजा की थाली बुद्ध के सामने रखती है।)**

अशोक : बच्चे? महिन्द और संघमित्ता भी वहाँ गये थे?

देवी : हाँ।

अशोक : तो तुम्हारे साथ वापस क्यों नहीं आये?

देवी : वह वहीं रुक गये।

अशोक : क्यों?

देवी : उनकी आयु के बहुत से साथी वहाँ मिल गये। उनके साथ खेल रहे हैं। थोड़ी देर बाद आयेंगे।

अशोक : वह सुरक्षित हैं?

देवी : हाँ बाबा! एकदम सुरक्षित हैं। तुम बहुत चिन्ता करते हो बच्चों की। सुरक्षाकर्मी उनके साथ हैं।

अशोक : क्या करूँ। पिता हूँ न। **(स्वर बदलकर)** एक शुभ समाचार है।

देवी : शुभ समाचार। आज सब कुछ शुभ होगा। आज शुभ दिन है न। बुद्धपूर्णिमा।

अशोक : पाटलिपुत्र से महामन्त्री राधागुप्त का पत्र आया है।

देवी : शुभ समाचार बाद में सुनूँगी। पहले तथागत के चरणों में नमन करके उनका आशीर्वाद लो।

अशोक : देवी तुम जानती हो, हम आजीवक हैं। शाक्यमुनि के उपासक नहीं। फिर भी, तुम्हारी आज्ञा का पालन तो करना ही होगा। **(गौतम बुद्ध की मूर्ति के सामने भूमि पर बैठकर नमन करता है।)**

(देवी जलती अगरबत्ती अशोक के चेहरे के सामने आरती की तरह घुमाती है, तथा अशोक को फूल देती है। अशोक फूल लेकर अपने माथे से लगाता है। फिर देवी और अशोक एक साथ हाथ जोड़कर बुद्ध की मूर्ति के समक्ष नमन करते हैं।)

देवी : अब बताओ क्या है शुभ समाचार?

अशोक : महामन्त्री राधागुप्त का पत्र आया है। पिता महाराज रोगग्रस्त हैं। उनकी दशा बहुत गम्भीर है। वैद्यों ने हाथ खड़े कर दिये हैं।

देवी : पिता महाराज रोगग्रस्त हैं?

अशोक : हाँ। कदाचित उनके जीवन का अन्त निकट है।

देवी : उनकी दशा गम्भीर है?

अशोक : हाँ।

देवी : तुम्हारे लिए यह शुभ समाचार है?

अशोक : **(लड़खड़ाते शब्दों में)** न... न... नहीं। हमारा तात्पर्य यह नहीं था।

देवी : तो क्या है तुम्हारा तात्पर्य?

अशोक : यही कि...

देवी : **(कठोरता से)** क्या है तुम्हारा तात्पर्य? तुम्हीं ने कहा कि शुभ समाचार है। पिता का अन्त निकट है।

अशोक : **(अचानक क्रोध से)** हमारे कहे के अर्थ का अनर्थ मत करो। हम कुछ और कहना चाह रहे थे। पिता का रोगग्रस्त होना शुभ समाचार नहीं है।

देवी : तो क्या है शुभ समाचार?

अशोक : शुभ समाचार यह है कि महामन्त्री राधागुप्त ने हमें पाटलिपुत्र बुलाया है।

देवी : क्यों?

अशोक : वह चाहता है कि पिता महाराज के पश्चात मगध के सिंहासन पर हमारा अभिषेक हो।

देवी : क्यों? तुम्हारा क्यों?

अशोक : क्योंकि महामन्त्री चाहता है। सेनापति भी चाहता है, मन्त्रिमंडल के दूसरे मन्त्री भी।

देवी : मगध के सिंहासन पर पहला अधिकार तो तुम्हारे अग्रज का है।

अशोक : **(तिरस्कार से)** हमारा अग्रज सुसीम! तुम जानती तो हो उसके बारे में।

देवी : नहीं। मैं कुछ नहीं जानती।

अशोक : वह पिता महाराज का लाडला है। बबुआ। वह राजा

बनने योग्य नहीं है। अयोग्य है। अक्षम है।

देवी : कौन कहता है?

अशोक : सब कहते हैं। हम कहते हैं।

देवी : तुम्हारे अतिरिक्त कौन कहता है?

अशोक : महामन्त्री राधागुप्त कहता है। सुसीम कविता करता है। संगीतज्ञ है। वीणा बजाता है। मन्दिर में गाता है। वह राजा बनने योग्य नहीं है।

देवी : और महाराज?

अशोक : महाराज भी जानते हैं। वह जानते हैं सुसीम की अक्षमता और अयोग्यता।

देवी : तुम कैसे जानते हो यह? क्या महाराज ने तुमसे कहा?

अशोक : नहीं, उन्होंने नहीं कहा। लेकिन हम जानते कि महाराज जानते हैं अपने लाडले सुसीम की वास्तविकता।

देवी : हो सकता है यह तुम्हारा भ्रम हो?

अशोक : गान्धार में पश्तूनों को कुचलने के लिए सेनापति ने सुसीम को वहाँ भेजने का परामर्श दिया था। सेनापति ने कहा सुसीम युवराज है। भविष्य में राजसिंहासन पर आसीन होगा। दुर्धर्ष पश्तूनों से युद्ध उसके लिए अमूल्य अनुभव और प्रशिक्षण होगा। किन्तु महाराज ने सेनापति का प्रस्ताव अस्वीकार कर दिया।

देवी : क्यों?

अशोक : पिता महाराज ने कहा—दैत्याकार पश्तून बहुत ही भयंकर जाति के हैं। उनके साथ युद्ध भी बहुत भीषण होगा। युवराज सुसीम मौर्य साम्राज्य का भावी राजा है। उसका जीवन अमूल्य है। किसी संकट में नहीं डाला जा सकता, और उन्होंने सुसीम के स्थान पर मुझे गान्धार जाने का आदेश दिया।

देवी : यह तो अच्छा ही हुआ। पश्तूनों को पराजित करके तुम्हें देशव्यापी यश प्राप्त करने का अवसर मिला।

अशोक : **(व्यंग्य से)** सुसीम देश का भावी राजा है! इसलिए उसका जीवन अमूल्य है। और हमारा जीवन? उसका

कोई मूल्य नहीं। इसलिए संकट में डाला जा सकता है!

देवी : कोई पिता अपनी सन्तान का जीवन संकट में नहीं डाल सकता।

अशोक : यह केवल कहने की बात है।

देवी : उन्होंने तुम्हारी योग्यता का सम्मान किया।

अशोक : वह हमसे घृणा करते हैं।

देवी : कैसी बातें करते हो? कोई पिता अपने पुत्र से घृणा नहीं कर सकता।

अशोक : किन्तु वे करते हैं।

देवी : क्यों?

अशोक : क्योंकि हम कुरूप हैं। हमारे गाल पर यह काला धब्बा है। और सुसीम सुन्दर है। प्रियदर्शी है! इसलिए वह सुसीम को चाहते हैं।

देवी : **(समझाते हुए)** यह तुम्हारा भ्रम है।

अशोक : **(कठोरता से)** तुम हमसे अधिक जानती हो—हमारे पिता को?

देवी : मैं तो केवल न्याय और परम्परा की बात कर रही थी। सदा ही सबसे बड़ा पुत्र सिंहासन का अधिकारी होता है।

अशोक : हम इस पर विवाद नहीं चाहते। केवल तुमको बताना चाहते हैं—हम पाटलिपुत्र जा रहे हैं, और तुम हमारे साथ चल रही हो।

देवी : मैं भी तुम्हारे साथ पाटलिपुत्र जा रही हूँ—यह तुमने कैसे जाना? मैंने तो इसके बारे में कोई निर्णय नहीं लिया अब तक...

अशोक : **(काटते हुए)** हमने निर्णय लिया है, तुम्हारी ओर से। उठो। पाटलिपुत्र चलने की व्यवस्था करो।

देवी : और अगर मैं तुम्हारा निर्णय न मानूँ तो?

अशोक : **(क्रोध के विस्फोट में)** तुमको मानना पड़ेगा **(क्रोध को संयत करते हुए)** हम चाहते हैं कि तुम हमारे साथ चलो।

देवी : मैं नहीं जाऊँगी।

अशोक : **(क्रोध को संयत करके)** देवी! सुनो हमारी बात...

देवी : **(दृढ़ता से)** यह मेरा निर्णय है। मैं नहीं जाऊँगी।

अशोक : हम चाहते हैं कि तुम भी चलो हमारे साथ। तुम हमारी शक्ति हो। तुम्हारा साथ हमारे लिए शुभ है। तुम साथ रहोगी तो विजय हमारी होगी...

देवी : विजय? अपने भाई पर विजय? सुनकर भी जुगुप्सा होती है। **(दृढ़ता से)** मैं नहीं जाऊँगी।

अशोक : **(बुद्ध की मूर्ति के सामने रखी पूजा की थाली क्रोध में धरती पर पटकते हुए)** तो मत चलो। हम अकेले ही जायेंगे पाटलिपुत्र। **(पैर पटकता बाहर जाता है।)**

(देवी पूजा की थाली धरती से उठाती है, फिर जाते हुए अशोक को देखती रह जाती है। सारे मंच से प्रकाश सिमट कर देवी के वेदनामय मुख पर केन्द्रित हो जाता है।)

(अन्तराल-अन्धकार)

दृश्य-2

पात्र : *राधागुप्त, अशोक, दासी, सैनिक।*

स्थान : *पाटलिपुत्र का राजभवन।*

(मंचाग्र पर प्रकाश पुंज में खड़ा राधागुप्त अशोक की प्रतीक्षा कर रहा है। साथ में खड़े सैनिक के हाथ में एक थाल है, जिसमें अंगवस्त्र और एक राजमुकुट रखा है।)

(अशोक का प्रवेश)

राधागुप्त : (दोनों हाथ जोड़कर, नमन करते हुए) महामंत्री राधागुप्त का नमन स्वीकार करें। पाटलिपुत्र में कुमार अशोक का स्वागत है। **(थाल में से अंग-वस्त्र निकालकर अशोक के कन्धों पर डालता है।)**

अशोक : **(राज मुकुट की ओर इशारा करके)** और यह? राजमुकुट?

राधागुप्त : यह भी कुमार अशोक के लिए है। मैं महाराज से निवेदन करूँगा कि वे स्वयं अपने हाथों से मुकुट पहनाकर तुम्हें उपराजा घोषित करें।

अशोक : महाराज का स्वास्थ्य?

राधागुप्त : बस, कुछ ही दिन के लिए ही हमारे साथ हैं। कभी भी परलोक गमन कर सकते हैं।

अशोक : बोलते हैं?

राधागुप्त : हाँ, कभी-कभी। प्रायः रोगतन्द्रा में पड़े रहते हैं। बहुत जगाने पर उठते हैं। बस हाँ-हूँ कहकर पुनः रोगतन्द्रा में चले जाते हैं।

अशोक : सुसीम?

राधागुप्त : वह कभी भी आ सकता है। सूचना मिली है कि वह गान्धार से चल पड़ा है।

अशोक : महाराज ने उसको भी बुलवाया है?

राधागुप्त : उसी को तो बुलवाया है। महाराज उसको मगध का राजा बनाना चाहते हैं। उन्होंने उसको ही बुलवाने का आदेश दिया था। परन्तु मैंने उसको न बुलाकर तुमको आने की सूचना भेज दी।

अशोक : फिर सुसीम क्यों आ रहा है? उसको किसने बुलाया?

राधागुप्त : किसी ने भी नहीं। वह अपने आप आ रहा है। लगता है उसके गुप्तचर राजप्रासाद में हैं। उन्होंने महाराज की विषम दशा की सूचना उसे दे दी होगी।

अशोक : हमें क्या करना है?

राधागुप्त : सुसीम के आने से पहले मैं चाहता हूँ कि यह राजमुकुट तुम्हारे सिर की शोभा हो।

अशोक : कैसे होगा यह राधागुप्त?

राधागुप्त : मैं महाराज से अनुरोध करूँगा कि तुमको मगध का उपराजा घोषित करें। मगध का सिंहासन और अधिक राजाविहीन रखना उचित नहीं होगा। फिर सेनापति भी मेरे साथ हैं। वह भी कहेगा। महाराज महामन्त्री और सेनापति के परामर्श की अवहेलना नहीं कर सकेंगे। उपराजा बनकर, महाराज के अवसान के बाद, तुम्हें अपने आप राजा बनने का अधिकार प्राप्त हो जायेगा।

अशोक : और सुसीम?

राधागुप्त : हमें यह सब सुसीम के पाटलिपुत्र पहुँचने से पूर्व करना होगा। आओ मेरे साथ। महाराज के कक्ष में चलते हैं। **(वह चलने को उद्यत होता है।)**

अशोक : ठहरो मित्र। महाराज द्वारा उपराजा बनाये जाने पर भी सुसीम हमें राजा स्वीकार नहीं करेगा। वह बड़ा भाई है हमारा। केवल दो वर्ष बड़े होने से परम्परा उसके पक्ष में है। अपने अधिकार के लिए वह लड़ेगा। युद्ध

करेगा। चुप नहीं बैठेगा।

राधागुप्त : तुम कहना क्या चाहते हो?

अशोक : जब युद्ध करके ही हमें राजा बनना है तो महाराज की कृपा की क्या आवश्यकता?

राधागुप्त : महाराज के आशीर्वाद का प्रजा में अच्छा सन्देश जायेगा।

अशोक : युद्ध तो फिर भी होगा। सुसीम सरलता से अपना अधिकार नहीं छोड़ेगा। हमें यह राजमुकुट अपने बाहुबल से प्राप्त करना होगा। महाराज की कृपा से नहीं।

राधागुप्त : नहीं। यह नीति-संगत नहीं होगा। प्रजा में विषम सन्देश जायेगा। मैं चाहूँगा कि महाराज स्वयं तुमको मुकुट पहनाकर आशीर्वाद दें। आओ मेरे साथ। **(जाने को बढ़ता है। उसके पीछे-पीछे अशोक और सैनिक जाते हैं।)**

(अन्तराल-अन्धकार)

दृश्य-3

पात्र : *बिन्दुसार, नन्दिता, अशोक, राधागुप्त, सैनिक।*

स्थान : *राजा बिन्दुसार का शयनकक्ष।*

(महाराज बिन्दुसार बिस्तर पर तकिये के सहारे अधलेटे हुए, अचेत अवस्था में सो रहे हैं। दासी नन्दिता उन पर मोरछल डुला रही है।)

(राधागुप्त और अशोक का प्रवेश)

राधागुप्त : **(हाथ जोड़कर नमन करता है)** महाराज की जय हो। कुमार अशोक आपके दर्शन के लिए उज्जयिनी से आये हैं। **(बिन्दुसार उत्तर नहीं देता है। पुनः पुकारते हुए)** महाराज!! **(अशोक से)** लगता है महाराज गहरी तन्द्रा में हैं। **(दासी से)** कब से तन्द्रा में हैं?

नन्दिता : बहुत देर से। ऐसे ही सो रहे हैं। वैद्यजी ने औषधि खिलाई थी। जब से वैद्यजी गये हैं, तब से ऐसे ही हैं।

राधागुप्त : क्या कभी तन्द्रा से उठे? कोई बात की?

नन्दिता : दो-एक बार चौंक के उठे। मुझसे पूछा—सुसीम आया? मैंने उत्तर दिया नहीं। बस फिर आँख बन्द कर सो गये।

अशोक : सुसीम कभी भी आ सकता है। **(असहाय-सा)** क्या करें? कैसे जगायें महाराज को?

राधागुप्त : **(बिन्दुसार का कन्धा झकझोरते हुए)** महाराज, उठिए।

बिन्दुसार : **(चौंकते हुए)** सुसीम आ गया?

राधागुप्त : उज्जयिनी के शासक, कुमार अशोक आपके दर्शन

करना चाहते हैं। .

(बिन्दुसार उठना चाहते हैं। दासी सहारा देकर उनको तकियों के सहारे पलँग पर बैठाती है)

बिन्दुसार : **(अशोक से)** तुमको तो मैंने उज्जयिनी से गान्धार जाने का आदेश दिया था? हम जानना चाहते हैं कि तुम क्यों नहीं गये?

राधागुप्त : कुमार अशोक स्वयं रोगग्रस्त हो गये थे। इसलिए आदेश का पालन नहीं कर सके।

बिन्दुसार : **(क्रोध के साथ)** तुम चुप रहो! चुप रहो। अच्छी तरह जानते हैं यह तुम दोनों की मिलीभगत है। रोग से मुक्त होने के पश्चात् तुम उज्जयिनी से गान्धार क्यों नहीं गये? यहाँ क्यों चले आये?

राधागुप्त : आपको देखने। आपकी व्याधि का अशुभ समाचार सुनकर वह यहाँ चले आए।

अशोक : आपकी व्याधि का अशुभ समाचार सुनकर हम आपकी सेवा के लिए आ गये। **(बिन्दुसार के पैर दबाता है)**

बिन्दुसार : **(सायास जोर से बोलते हुए)** नहीं चाहिए तुम्हारी सेवा। जाओ। जाओ यहाँ से। **(अशोक पैर दबाना छोड़कर अलग खड़ा हो जाता है)**

राधागुप्त : मैं महामन्त्री हूँ। राज्य में सुरक्षा और शान्ति सुनिश्चित करना मेरा कर्तव्य है। युवराज सुसीम गान्धार में है...

बिन्दुसार : **(काटते हुए)** तो?

राधागुप्त : राजधानी बिना राजा या युवराज के! यह साम्राज्य के हित में नहीं है।

बिन्दुसार : तो?

राधागुप्त : जब तक आप अस्वस्थ हैं, और कुमार सुसीम गान्धार में हैं, तब तक कुमार अशोक को उपराजा घोषित करना न्यायोचित होगा।

(बिन्दुसार उत्तर नहीं देता। वह विचारमग्न हो जाता है।)

राधागुप्त : महाराज! मैं कुमार अशोक का मित्र हूँ, इसलिए उपराजा

बनाने के लिए निवेदन नहीं कर रहा हूँ। राजनीति के सभी आचार्यों का मत है-- कभी भी एक दिन के लिए भी राजसिंहासन रिक्त नहीं रहना चाहिए। मेरे पितामह आचार्य चाणक्य का भी यही मत था।

(बिन्दुसार विचार करने लगता है)

राधागुप्त : मन्त्रिमण्डल के निर्णयों को स्वीकृत या अस्वीकृत करने का अधिकार केवल राजा का होता है, और उनकी अनुपस्थिति में इस अधिकार का प्रयोग केवल उपराजा या युवराज ही कर सकता है। मान लीजिए इस अवधि में लोक-विप्लव हो जाये, कोई अधीनस्थ राजा आक्रमण कर दे, तो कौन निर्णय लेगा संधि-विग्रह का। महाराज, कुमार अशोक को उपराजा बनाने के अतिरिक्त हमारे पास कोई विकल्प नहीं है। **(साथ में लाये सैनिक के थाल से राजमुकुट लेकर बिन्दुसार की ओर बढ़ाते हुए)** लीजिए महाराज, इसे अपने पवित्र हाथों से कुमार अशोक को पहना कर उन्हें आशीर्वादित करें।

अशोक : हमारे पास पितामह, महाराज चन्द्रगुप्त मौर्य की ये खड्ग है। साम्राज्य की सुरक्षा के लिए हम अपने प्राणों की बाजी लगा देंगे।

बिन्दुसार : महाराज चन्द्रगुप्त मौर्य ने अपना खड्ग देश की सुरक्षा के लिए आक्रमणकारी शत्रुओं के विरुद्ध प्रयोग किया था। उनके खड्ग का उपयोग यदि दो भाइयों के बीच, राजसिंहासन के लिए होता है, तो यह खड्ग का अपमान होगा।

राधागुप्त : यह समय वाद-विवाद का नहीं है...। **(अशोक से)** कुमार तुम स्वयं मुकुट धारण करो। **(अशोक हिचकिचाता है)** सोचते क्या हो? मुकुट धारण करो। मैं कहता हूँ।

अशोक : **(सोचते हुए)** हम...हम...

राधागुप्त : **(अशोक को मुकुट पहना कर)** अब तुम मगध-साम्राज्य के उपराजा हो। महाराज, अपने आशीर्वाद का हाथ कुमार के सिर पर रखिए।

(बिन्दुसार का हाथ उठाकर अशोक के सिर पर रखता

है, तो वह लुढ़क कर गिर पड़ता है। सब आश्चर्य से देखते हैं। दासी घबराकर हाथ की नाड़ी देखती है। हृदय पर हाथ रखती है। फिर अचानक चीख़ उठती है)

नन्दिता : हाय! महाराज चले गये। **(फफक कर रोती है)**

(अशोक और राधागुप्त रोती-कलपती दासी नन्दिता को देखते हैं, फिर दोनों मंचाग्र आते हैं। पीछे-पीछे सैनिक भी आता है।)

राधागुप्त : **(सैनिक से)** सेनापति से कहो कि यह महामंत्री राधागुप्त का आदेश है कि राज्य में घोषणा कर दी जाये कि महाराज बिन्दुसार ने कुमार अशोक को मगध का उपराजा घोषित कर दिया है।

सैनिक : जो आज्ञा महामंत्री। **(नमन कर प्रस्थान)**

अशोक : हमने महाराज से निवेदन किया था कि हमें मगध का उपराजा बना दें, किन्तु महाराज तो हमें मगध का राजा बनाकर चले गये।

राधागुप्त : मगधराज अशोक को नमन। **(दोनों हाथ जोड़कर नमन करता है।)**

(अन्तराल-अन्धकार)

दृश्य-4

पात्र : *राधागुप्त, सैनिक, सभासद 1, सभासद 2।*

स्थान : *मगध का राजदरबार।*

(मंचाग्र पर प्रकाश के वृत्त में महामन्त्री खड़ा है। उसके पीछे एक सैनिक उसकी सुरक्षा में खड़ा है।)

राधागुप्त : मगधराज के सम्मानित सभासदों! यह हृदय विदारक दुख की बेला है। हमारे पिता समान राजा, देवानाम्प्रिय बिन्दुसार, हम लोगों को रोता कलपता छोड़कर स्वर्ग को प्रस्थान कर चुके हैं। मगध का सिंहासन रिक्त है। परम्परानुसार रिक्त सिंहासन पर उनके ज्येष्ठ पुत्र और युवराज सुसीम का राज्याभिषेक होना चाहिए। किन्तु ऐसा नहीं हो सका...।

सभासद 1 : **(दर्शकों के बीच से)** क्यों? महाराज सुसीम की जय।

राधागुप्त : मैं भी महाराज सुसीम की जय करना चाहता था। किन्तु यह सम्भव नहीं है। स्वर्गीय महाराज भी यह नहीं चाहते थे। उन्होंने स्वर्ग जाने के पूर्व स्वयं कुमार अशोक को उपराजा बनाया था। स्वयं आशीर्वाद दिया था। स्वयं अपने हाथों कुमार अशोक के सिर पर उपराजा का मुकुट रखा था।

सभासद 2 : **(दर्शकों के बीच से)** यह सत्य नहीं है। कौन है साक्षी?

राधागुप्त : किसने कहा यह सत्य नहीं है? वह सामने आये। मैं हूँ साक्षी इसका। मैं...मैं महामन्त्री राधागुप्त। मैं साक्षी हूँ। जिसे इसकी सत्यता में सन्देह हो, वह सामने आये। वह इन सब सभासदों के सम्मुख अपना सन्देह व्यक्त करे।

(कोई सामने नहीं आता)

राधागुप्त : मैं एक बार फिर कहता हूँ। जिसे मेरी बात पर सन्देह हो, वह मेरे सामने साहस करके आये। छिपकर न बैठे।

(फिर सब मौन रहते हैं)

राधागुप्त : मैं आचार्य चाणक्य का पौत्र हूँ। मैं कुछ भी करूँगा, या कहूँगा उसके पीछे केवल एक भावना है। मगध साम्राज्य का हित। मैं आप सबको एक बार फिर विश्वास दिलाना चाहता हूँ कि स्वर्गीय देवानाम्प्रिय महाराज बिन्दुसार ने स्वयं अपने हाथों से देवलोक जाने के पूर्व, कुमार अशोक को उपराजा नियुक्त किया था। मैं एक बार फिर कहता हूँ, जिसे मेरे कथन पर विश्वास न हो, वह सामने आये और भरी सभा में मुझे, महामन्त्री को असत्यवादी घोषित करे।

(सब चुप रहते हैं)

राधागुप्त : **(कुछ देर प्रतीक्षा करके)** इसका अर्थ है.... किसी को आपत्ति नही है। हाँ, तो मैं कह रहा था कि महाराज ने कुमार सुसीम को उत्तराधिकार से वंचित करके, कुमार अशोक को अपना उत्तराधिकारी चुना है। हो सकता है यह परम्परा के विरुद्ध हो। कुछ सभासद कह सकते हैं कि उनको ज्येष्ठ पुत्र को ही उत्तराधिकारी बनाना चाहिए था। हो सकता है उनकी बात उचित हो। किन्तु हम लोग इसमें कुछ नहीं कर सकते। हम लोग स्वर्गीय सम्राट की आज्ञा मानने के लिए विवश हैं। उपराजा को राजा बनना ही पड़ेगा। उनकी अन्तिम इच्छा का पालन करते हुए मन्त्रिमंडल तथा सेनापति ने निर्णय लिया है—कल प्रातःकाल, कुमार अशोक, महाराज अशोक बन कर मगध के राजसिंहासन पर आरूढ़ होंगे। **(हाथ जोड़कर नमस्कार करता है।)**

(अन्तराल-अन्धकार)

दृश्य-5

पात्र : *देवी, दासी।*

स्थान : *उज्जयिनी के शासक अशोक के निवास का एक कक्ष।*

(दासी दौड़ती हुई प्रवेश करती है। कक्ष में कोई नहीं है। इधर-उधर देखकर, वह बुद्ध की मूर्ति के समक्ष नमन करती है।)

दासी : देवा! हाय यह क्या हो रहा है! देवा तुम्हीं बताओ?

देवी : **(प्रवेश करते हुए)** क्या हो रहा है?

दासी : मत पूछिए स्वामिनी। मत पूछिए। जो हो रहा है, अच्छा नहीं हो रहा है।

देवी : क्या अच्छा नहीं हो रहा है?

दासी : यही मारकाट।

देवी : तुम्हारा पति पाटलिपुत्र से लौट आया? कुशल से है?

दासी : हाँ, कुसल से है। देवताओं की किरपा है। लेकिन पाटलिपुत्र- वहाँ तो कुछ भी ठीक नहीं है।

देवी : वहाँ क्या हुआ?

दासी : पाटलिपुत्र को घेर लिया है—सुसीम की सेना ने। चारों द्वारों पर। कुमार असोक ने उन द्वारों की रच्छा के लिए यवन सैनिक भी लगाये हैं, फिर भी युवराज सुसीम की सेना भारी पड़ रही है।

देवी : दो भाई लड़ रहे हैं राजसिंहासन के लिए। क्या उनमें से कोई अपनी मृत्यु के पश्चात सिंहासन अपने साथ ले जा सकेगा?

दासी : पूरा देस हाल-बेहाल है। हमारे पति का ब्यापार तो एकदम चौपट हो गया है। कहीं कोई उधार पर न सामान लेता है और न बेचता है। व्यापार तो उधारी पर ही चलता है न।

देवी : व्यापार ही नहीं, कितने जीवन नष्ट हो रहे होंगे। कितने सुहाग उजड़ गये होंगे। कितनी माताओं की गोद सूनी हो गयी होगी। कितने बालक-बालिकाएँ अनाथ हो गयी होंगी। मृत्यु के काले आवरण से आच्छादित जन-जीवन अन्तिम साँसें ले रहा होगा। **(बुद्ध की मूर्ति के सामने नमन करके बैठती हैं)**

दासी : मेरी तो देवताओं से बस इतनी प्रार्थना है—देवा! कुमार असोक को विजयी बनाओ। वह राजा बनकर मगध के सिंहासन पर बिराजें। और हम अपनी स्वामिनी को मगध की महारानी बना देखें। **(हाथ जोड़कर)** देवा! कृपा करो।

देवी : अब तुम जाओ दासी। मैं ध्यान में जा रही हूँ। **(देवी आँखें बन्द करके ध्यान में जाती है।)**

(अन्तराल-अन्धकार)

दृश्य-6

पात्र : *रूपकार, तिस्स, अशोक।*

स्थान : *राजभवन का एक कक्ष।*

(कक्ष में मेज़ पर एक बड़ा थाल रखा है। उसमें राजा के आभूषण-बाजूबन्द, गले की मालाएँ आदि, अनेक रंगों के उत्तरीय, विभिन्न प्रकार की पगड़ियाँ, कमर पट्टियाँ, तलवारें आदि रखी हैं। कुछ कटोरियों में रंग रखे हैं। पास ही बैठने की दो कुर्सियाँ/चौकियाँ रखी हैं।)

(पर्दा खुलने पर, अशोक की बाँहों में बाजूबन्द बाँधता रूपकार दिखाई पड़ता है।)

रूपकार : **(कलाई के दो बन्ध दिखाते हुए)** महाराज, इसमें माणिक हैं। और इसमें पन्ना। आपको कौन सा...?

अशोक : यह...हरा वाला। पन्ने का।

(रूपकार–अशोक की कलाई में बन्ध बाँधता है। तभी तिस्स का प्रवेश)

तिस्स : नमन अग्रबन्धु।

अशोक : आओ तिस्स आओ। आओ बैठो।

तिस्स : **(बैठते हुए)** मैं राजदरबार से आ रहा हूँ। वहाँ पर आपके राज्याभिषेक की पूरी तैयारी है।

अशोक : अच्छा!

तिस्स : सभा भवन नववधू की तरह से सजाया गया है। रंगबिरंगी पताकाएँ, द्वारों पर तोरण, मंगल कलश, धरती पर चित्रित अल्पना, मृदंग और वीणा का संगीत, चन्दन अगरू की सुगन्ध और वेदपाठियों का साम गायन।

अशोक और रूपकार

अशोक : सभासद?

तिस्स : सब सभासद समय से पहले ही पहुँच गये हैं—अपने अच्छे से अच्छे परिधान पहनकर। हजारों नागरिक भी हैं सभाभवन के बाहर। स्त्री पुरुष, वृद्ध और बाल। सभी अपने नये राजा की झलक देखने को बेचैन हैं। हाँ, आपको संदेश तो देना ही भूल गया—महामंत्री का।

अशोक : क्या है...?

तिस्स : महामन्त्री ने कहा है कि जब राज्याभिषेक की घड़ी आयेगी, तो शंखों का समवेत स्वर होगा। उस समय आप सभाभवन में राज्याभिषेक के लिए प्रवेश करेंगे। ...अभी समय है।

अशोक : **(बैठते हुए)** तिस्स, बहुत दिनों बाद यह घड़ी आयी है।

तिस्स : अग्रबन्धु, पितामह चन्द्रगुप्त मौर्य की राजउपाधि देवानाम्प्रिय थी। आपकी राजउपाधि क्या होगी?

अशोक : हमारे पास पितामह की खड्ग है। उनके समान हमारी भी राजउपाधि देवानाम्प्रिय होगी।

तिस्स : राजतिलक के बाद लोक जय-जयकार करेगा—देवानाम्प्रिय राजा अशोक की जय।

अशोक : **(सोचते हुए)** आज से चार साल पहले पिता महाराज की मृत्यु के बाद, राजसत्ता हमारे हाथ में आयी। लेकिन राज्याभिषेक नहीं हो सका। इसके पहले कि राज्याभिषेक हो पाता सुसीम ने पाटलिपुत्र पर पश्चिम से आक्रमण कर दिया।

तिस्स : हम जानते हैं।

अशोक : चार वर्ष। चार वर्ष लग गये सुसीम और कलिंगराज को पराजित करने में। चार वर्ष।

(अशोक और तिस्स के वार्तालाप के दौरान, रूपकार कभी अशोक को मालाएँ पहनाता है तरह-तरह के दुपट्टे पहना कर देखता है। बैठे हुए अशोक के पैरों में अलग अलग तरह के जूते पहनाता है। अलग-अलग तरह की

पगड़ियाँ अशोक के सिर पर रखकर देखता है।)**

तिस्स : आज बहुत ही पुनीत दिवस है। अपने अग्रबन्धु को राजाधिराज देखना मेरा स्वप्न था।

अशोक : यदि देवी भी आज होती, तो कितनी प्रसन्न होती! और बच्चे भी—महिन्द तथा संघमित्ता।

तिस्स : बच्चे तो अब बड़े हो गये होंगे...।

अशोक : **(उदासी से)** हाँ, बड़े हो गये होंगे। माता-पिता का सबसे बड़ा सुख होता है, अपने बच्चों को बड़ा होते हुए देखना। हम इस सुख से वंचित रह गये। कैसे होंगे वे?

तिस्स : सब सकुशल हैं। बच्चे अपने नाना के साथ हैं। आर्या देवी कदाचित संघ की शरण चली गयी हैं। अब वह भिक्षुणी हैं।

अशोक : कोई आश्चर्य नहीं। आरम्भ से ही उसकी बुद्ध में अटूट श्रद्धा थी।

तिस्स : आपको कहाँ मिल गयीं? आपने उनको कैसे ढूँढ़ लिया।

अशोक : **(हँसकर)** हमने नहीं, देवी ने हमको ढूँढ़ लिया।

तिस्स : कैसे?

अशोक : उसने स्वयंवर किया। उसने अपना वर स्वयं चुना। हमने स्वयंवधू नहीं किया।

तिस्स : कैसे? पहले आपने नहीं बताया यह।

अशोक : पहले जब हम गान्धार के शासक थे, तो हमने बड़ी क्रूरता से पश्तूनों के विद्रोह को कुचल दिया था। जब हम वहाँ से उज्जयिनी आये शासक बनकर, तो चार-छह पश्तून प्रतिशोध लेने हमारे पीछे-पीछे उज्जयिनी आये। एक दिन जब हम अकेले घोड़े पर कहीं जा रहे थे, छह पश्तूनों ने हम पर आक्रमण कर दिया।

तिस्स : हे भगवान! फिर क्या हुआ?

अशोक : होना क्या था। हमने उनका सामना किया। दो को मार गिराया। चार भाग गये।

तिस्स : वाह! वाह! आपकी वीरता अद्वितीय है अग्रबन्धु।

अशोक : संयोग से देवी उस समय बौद्ध विहार जा रही थी। शिविका से उसने यह घटना देखी, और दूसरे दिन मिलने के लिए अपने घर बुलाया।

तिस्स : आप गये?

अशोक : वहाँ उसने हमसे विवाह का प्रस्ताव स्वयं रखा।

तिस्स : वह आपकी वीरता पर मुग्ध हो गयी होंगी।

अशोक : हमने कहा देवी, सोच लो। हम वीर अवश्य हैं, किन्तु कुरूप हैं। हमारे गाल पर यह काला धब्बा है। उसने कहा चन्द्रमा में भी तो धब्बे होते हैं।

तिस्स : तो आपने क्या उत्तर दिया?

अशोक : उसके उत्तर ने हमें निरुत्तर कर दिया। हमें हाँ कहना पड़ा।

(रूपकार, जो पहले रंग की कटोरी से अपनी उँगली की पौर पर रंग लगाकर वार्तालाप के रुकने की प्रतीक्षा कर रहा था, अशोक का ध्यान अपनी ओर आकृष्ट करता है।)

रूपकार : **(अशोक से)** महाराज, बस एक क्षण। **(अशोक के काले तिल पर त्वचा के रंग जैसा रंग लगाने लगता है।)**

अशोक : यह क्या कर रहे हो?

रूपकार : बस, थोड़ा सा रंग लगा रहा हूँ।

अशोक : कहाँ?

रूपकार : इस काले धब्बे पर।

अशोक : क्यों?

रूपकार : इसे थोड़ा सा हल्का कर रहा हूँ।

अशोक : क्यों? क्या अच्छा नहीं लगता?

रूपकार : हाँ।

अशोक : **(रूपकार का हाथ पकड़कर संयत स्वर में)** क्या यह काला धब्बा हमें कुरूप बनाता है? क्या इसके कारण हम कुरूप हैं?

(रूपकार उत्तर नहीं दे पाता)

अशोक : **(रूपकार के पकड़े हुए हाथ को खींचकर, उसे गिराते हुए, क्रोध के विस्फोट से)** हम कुरूप नहीं हैं। **(पैर से**

रूपकार को मारते हुए) हम कुरूप नहीं हैं। यह काला धब्बा हमारी सुन्दरता है। तुम हमें कुरूप समझते हो? हम कुरूप नहीं हैं। हम प्रियदर्शी हैं। देखने में सुन्दर। प्रियदर्शी।

(तभी नेपथ्य से शंखों की ध्वनि)

तिस्स : छोड़िये इसे। अभिषेक की घड़ी आ गयी है। आइये। आइये। देर होगी तो मुहूर्त निकल जायेगा। आइये।

(अशोक और तिस्स का प्रस्थान)

(अन्तराल-अन्धकार)

दृश्य-7

पात्र : *तिस्स, भिक्खु समुद्र, अशोक।*

स्थान : *राजभवन का एक कक्ष।*

(कक्ष में दो तख्त रखे हैं। एक राजासन है। दूसरा सामान्य आसन।)

(तिस्स एवं भिक्खु समुद्र का प्रवेश)

तिस्स : बैठो भिक्खु। मैं अभी महाराज को तुम्हारे आगमन की सूचना देता हूँ। **(तिस्स का प्रस्थान)**

(भिक्खु ध्यान में बैठ जाता है। थोड़ी देर के पश्चात् तिस्स के साथ अशोक का प्रवेश)

तिस्स : उठो भिक्खु समुद्र। महाराज प्रियदर्शी पधार गये हैं। **(भिक्खु आँख खोलकर देखता है।)**

अशोक : भिक्खु को नमन।

भिक्खु : **(वरद मुद्रा में हाथ उठाकर)** तथागत तुम्हारी रक्षा करे।

अशोक : **(बैठते हुए)** भिक्खु तुम जानते हो, हम मगध के राजा हैं?

भिक्खु : हाँ राजन्।

अशोक : हमारे आदेश से हमारे अनुज कुमार तिस्स ने कुक्कुटाराम विहार के सभी भिक्खुओं को भिक्षा देने के लिए आमंत्रित किया था। यह तुमको ज्ञात है?

भिक्खु : हाँ राजन्।

अशोक : वहाँ से सब श्रमण आये?

भिक्खु : हाँ राजन्।

अशोक : केवल तुम नहीं आये?

भिक्खु : हाँ राजन्।

अशोक : **(संयत स्वर में)** क्यों नहीं आये? हम यह जानना चाहते हैं कि तुम क्यों नहीं आये?

भिक्खु : मैं शुद्ध हाथों से ही भिक्षा ग्रहण करता हूँ।

अशोक : हमारे हाथ अशुद्ध हैं?

भिक्खु : आपके हाथों पर रक्त है।

अशोक : रक्त? कहाँ है रक्त?

भिक्खु : आपको दिखाई नहीं पड़ता राजन्। मैं देख सकता हूँ।

अशोक : **(परिहास में)** अच्छा!! तुम देख सकते हो? लगता है तुम्हें दिव्यदृष्टि प्राप्त है! किसका रक्त है?

भिक्खु : अपने भाई सुसीम की हत्या का।

अशोक : **(कठोरता से)** भिक्खु समुद्र! अपनी सीमा में रहो। राजकाज में खड्ग अनिवार्य है। हाथों में रक्त तो लगेगा ही। हमारे हाथ में खड्ग न हो, तो तुम गिरिकन्दरा में भी आँख बन्द करके शान्ति से नहीं बैठ सकते।

भिक्खु : प्रजा की रक्षा में हाथ में लगा रक्त और सत्ता-लोलुपता में हाथ में लगा भाई का रक्त! **(रुक कर)** दोनों में बहुत अन्तर होता है राजन्।

अशोक : सुसीम अक्षम था। अयोग्य था। विदेशी यवन पश्चिमी सीमाओं पर प्रबल हो रहे हैं। कैसे करता वह उनसे साम्राज्य की रक्षा? इस भूमि के लिए, यहाँ की नदियों-पर्वतों के लिए, यहाँ के जनवासियों के लिए हमें खड्ग उठानी पड़ी।

भिक्खु : राजन्, आप अपनी सत्ता-लोलुपता को मगध की सुरक्षा के आवरण से आच्छादित कर रहे हैं।

तिस्स : **(विचलित होकर)** क्या कह रहे हो तुम? अपनी सीमा पहचानो भिक्खु।

अशोक : **(क्रोध और घृणा से)** अनर्गल प्रलाप!

भिक्खु : मुखाकृति की कालिमा को छिपाने के लिए जैसे आपने प्रियदर्शी नाम धारण किया है, वैसे ही अपनी सत्ता-लोलुपता को साम्राज्य की सुरक्षा का बहाना दे

रहे हैं आप।

अशोक : **(तलवार खींचकर, भिक्खु की तरफ बढ़ते हुए)** भिक्खु!!!

(भिक्खु और अशोक के बीच में तिस्स आ जाता है।)

तिस्स : **(बीच-बचाव करते हुए, हाथ जोड़कर)** शान्त महाराज! शान्त! मैं आपके चरणों में विनती करता हूँ। शान्त हो जाइये। आपके हाथों से भिक्खु का वध उचित नहीं। शान्त हो जाइये। **(अशोक तलवार म्यान में रखता है।)**

भिक्खु : मुझे मृत्यु का भय नहीं है। किसी राजा का खड्ग मुझे भयभीत नहीं करता।

अशोक : मृत्यु का भय नहीं होता, तो तुम्हारे हाथ में खड्ग होता। क्लीवों, कापुरुषों की तरह सर घुटाकर भीख माँगकर भोजन न करते होते।

भिक्खु : राजन्, जो खड्ग चलाते हैं, वे सबसे अधिक भयग्रस्त होते हैं। भयातुरता के कारण, वे अपनी सुरक्षा के लिए खड्ग उठा लेते हैं। हम, घुटे सिर के भिक्खुओं को जीवन से मोह नहीं है। इसलिए हम मृत्यु से भयभीत नहीं। हम मृत्यु का सामना कर सकते हैं, उसे गले लगा सकते हैं—निर्भय होकर। बिना खड्ग के।

अशोक : कहना आसान है। किन्तु यह सच नहीं है। अगर हम तुम्हें आग में जलाकर मृत्यु दण्ड दें, तो पहली ही अग्नि की ज्वाला के स्पर्श से उठी तुम्हारी चीत्कार गगनभेदी होगी।

भिक्खु : नहीं राजन्। केवल एक नहीं, एक के बाद अनेक लपटों के स्पर्श के बाद भी मेरी कोई चीत्कार तुम्हें सुनाई नहीं पड़ेगी। मृत्यु का वरण मैं मौन स्वागत से करूँगा।

अशोक : **(हँसकर)** ठीक है। हम देखेंगे तुम्हारा मृत्यु का मौन स्वागत। हम राजा का अपमान करने के अपराध में भिक्खु समुद्र को अग्नि में जलाकर मृत्यु का दण्ड देते हैं।

भिक्खु : राजन्, तथागत तुम्हें सद्बुद्धि दे।

अशोक : तिस्स! हमारी आज्ञा का पालन शीघ्र हो। तुम हमें बताओ कि अग्नि ज्वाला के प्रथम स्पर्श से भिक्खु समुद्र के मुख से गगनभेदी चीत्कार निकली या उसने मृत्यु का मौन स्वागत किया।

(अन्तराल-अन्धकार)

(कुछ क्षणों पश्चात गगनिका पर आग की लपटें दिखाई पड़ती हैं। मंच पुनः आलोकित होता है, तो अशोक आग की लपटों को देखता हुआ दिखाई पड़ता है। कुछ क्षणों पश्चात तिस्स का प्रवेश।)

तिस्स : महाराज-बन्धु, भिक्खु समुद्र को चिता पर जला दिया गया। आपकी आज्ञा का पालन हो गया।

अशोक : हम जानना चाहते हैं कि आग की लपटों से जलते हुए, वह चीखा, चिल्लाया, या...

तिस्स : वह बिल्कुल चीखा या चिल्लाया नहीं। उसके मुख पर भय का भाव नहीं था। वह अन्त तक वैसा ही शान्त और अनुद्विग्न बना रहा, जैसा वह प्रायः रहता है। चिता पर बैठते ही वह पद्मासन में बैठ गया और कदाचित समाधि में चला गया। जब चिता को आग लगाई गयी, वह ऐसे जल गया, जैसे सूखी लकड़ी जल जाती है।

अशोक : **(कुछ क्षणों का मौन)** समझ में नहीं आता कि कोई कैसे मृत्यु-वरण कर सकता है। जलते हुए उसके मुख से एक भी चीख़ नहीं निकली। कोई कैसे इतनी सहजता से अपने प्राण दे सकता है। **(आकाश की ओर देखते हुए)** भिक्खु समुद्र! हम पराजित हो गये। हम तुमसे पराजित हो गये। **(अपने आपसे)** ऐसा क्या है बुद्ध में, धम्म में, संघ में, जो मानव को मृत्यु पर विजयी बनाता है।

(नेपथ्य में 'बुद्धम् सरनम् गच्छामि, धम्मं सरनम् गच्छामि, संघम् सरनम् गच्छामि' का समवेत घोष सुनाई पड़ता है।)

(अन्तराल-अन्धकार)

दृश्य-8

पात्र : *उपगुप्त, सागरमते, शब्दकार, राधागुप्त, अशोक सैनिक।*

स्थान : *पाटलिपुत्र का राजभवन।*

(मंच पर बीच में राजा का आसन रखा है। दोनों ओर चार छोटे दीवान रखे हैं। एक पर राधागुप्त, दूसरे पर उपगुप्त सागरमते बैठे हैं। शब्दकार हाथ में एक काली तख़्ती लिए खड़ा है, जिस पर सफ़ेद स्याही से लिखा है।)

(सैनिक का प्रवेश)

सैनिक : महाराज पधार रहे हैं।

(अशोक का प्रवेश। स्थविर के अतिरिक्त सब खड़े होकर हाथ जोड़ते हैं। अशोक उपगुप्त के पास जाकर नमस्कार करता है। उपगुप्त आशीर्वाद देता है।)

अशोक : आप लोगों ने देख लिया शिलालेख का प्रारूप?

राधागुप्त : हाँ महाराज।

अशोक : **(बैठते हुए)** हम जानते हैं कि प्रजा में हम चण्डाशोक के नाम से प्रसिद्ध हैं। एक तरह से यह नाम उपयुक्त भी है। हम अपने को जानते हैं। जब हमें क्रोध आता है, तो हम अपने वश में नहीं रह पाते। क्रोध के बाहरी आवरण के भीतर हमारे हृदय में करुणा भी है। सुसीम की हत्या और फिर बौद्ध भिक्खु समुद्र की हत्या!! हम विचलित हो जाते हैं कभी-कभी। फिर उस दिन सुसीम के पुत्र निग्रोध को देखा। वह भिक्खु बन गया है। कितनी शान्ति थी उसके मुख पर। उसने कहा—उसने

अपने पिता के हत्यारे को क्षमा कर दिया। कहाँ से आयी उसमें यह क्षमा; आन्तरिक शान्ति? क्या यह तथागत की कृपा है?

सागरमते : हाँ महाराज।

अशोक : **(पुनः आत्ममन्थन करते हुए)** फिर उसके बाद कलिंग युद्ध। उसकी विभीषिका हमारे अन्तस में आज भी उद्वेलित होती है। मृत्यु का वह भयावह नर्तन; युद्ध क्षेत्र कलिंग सैनिकों के शवों से पटा था। उनके मृत शरीरों से बहते हुए रक्त से धरती की मिट्टी कीचड़ बन गयी थी। उस पर चलने में पैर धरती में धँसते थे, वैसे ही जैसे वर्षाऋतु में। जैसे वहाँ अभी-अभी वर्षा हुई हो—रक्त की वर्षा। शवों से रिसते बहते रक्त से पास की नदी का जल लाल हो गया था। हम अपने आपसे पूछते हैं, क्यों किया हमने यह युद्ध? क्यों किया हमने कलिंग पर आक्रमण?

राधागुप्त : इस प्रश्न का उत्तर भी तो आपको ही देना होगा महाराज। आपने ही कलिंग विजय का निर्णय लिया था।

अशोक : कलिंग ने सुसीम का साथ दिया था। कलिंग राजा ने हम पर पूर्व से आक्रमण कर दिया था, जब पश्चिम से हम पर सुसीम का आक्रमण हो रहा था।

राधागुप्त : तब क्यों क्षोभ करते हैं, कलिंग युद्ध पर?

अशोक : महामन्त्री राधागुप्त! हम मनुष्य भी तो हैं। **(शब्दकार से)** शब्दकार, शिलालेख का आलेख पढ़ो।

शब्दकार : **(पढ़ते हुए)** कलिंग युद्ध में हुई प्रत्येक हत्या, प्रत्येक मृत्यु और प्रत्येक निष्कासन से देवानाम्प्रिय पीड़ा अनुभव करते हैं। उन्होंने यह शिलालेख इसलिए उत्कीर्ण करवाया है, जिससे उनके पुत्र और पौत्र नवीन विजय का संकल्प न करें।

अशोक : ठीक है। हमें तो ठीक लगता है। आपका क्या मत है भन्ते उपगुप्त।

उपगुप्त : ठीक है। यह भी अंकित होना चाहिए कि अगर आपके

उत्तराधिकारी नवीन विजय करना चाहें तो धम्मविजय करें।

अशोक : शब्दकार यह भी लिखो--देवानामूप्रिय राजा प्रियदर्शी चाहते हैं कि उनके उत्तराधिकारी धम्मविजय करें। भेरीघोष के स्थान पर धम्मघोष करें।

उपगुप्त : महाराज, यह समुचित है। **(सागरमते लिखता है।)**

राधागुप्त : जनलोक को यह भी तो ज्ञात होना चाहिए कि धर्म क्या है? कितने ही मत-मतान्तर हैं।

सागरमते : धर्म तो एक ही है। तथागत का अभिधर्म--बौद्ध धर्म।

राधागुप्त : और वैदिक धर्म? क्या वह धर्म नहीं है। फिर आजीवक हैं, निर्ग्रन्थवादी हैं, जैन हैं, चार्वाकवादी हैं--

सागरमते : महाराज बौद्ध उपासक हैं, तो वह बौद्धधर्म का ही प्रचार करेंगे।

राधागुप्त : राजा पूरी प्रजा का पालक होता है। सब धर्मों का समान रूप से पोषण करता है। वह किसी एक धर्म का प्रचार कैसे कर सकता है?

सागरमते : बुद्ध और धर्म की शरण में जाने के पश्चात महाराज का कर्तव्य है; बौद्ध धर्म का प्रचार। केवल बौद्ध धर्म का।

राधागुप्त : जो राजा अपनी प्रजा में विभेद करे, वह राजपद के योग्य नहीं।

अशोक : महामन्त्री, आप इतने अधीर क्यों हो रहे हैं?

राधागुप्त : किन्तु महाराज...

अशोक : क्या महामन्त्री अपने महाराज को राजधर्म का पाठ पढ़ायेंगे?

राधागुप्त : यदि आवश्यक हुआ तो अवश्य! यह मन्त्रिपरिषद का दायित्व है।

अशोक : इसकी आवश्यकता नहीं पड़ेगी, महामन्त्री। हम राजधर्म से अवगत हैं। शब्दकार आगे लिखो--
(शब्दकार लिखता है।)

अशोक : देवानामूप्रिय राजा प्रियदर्शी ऐसा कहते हैं : संसार में

कोई उपहार धर्म-उपहार से बढ़कर नहीं है। कोई दान धर्मदान जैसा नहीं है। कोई मित्र धर्ममित्र जैसा नहीं हैं। कोई भी सम्बन्ध धर्म-सम्बन्ध जैसा नहीं है।

उपगुप्त : (**आशीर्वाद में हाथ उठाकर**) साधु वचन है।

राधागुप्त : किन्तु धर्म क्या है? यह भी तो लिखकर बताइए।

अशोक : आप फिर अधीर हो रहे हैं महामन्त्री! (**शब्दकार से**) शब्दकार लिखो। (**शब्दकार लिखता है**) अनुचरों और कर्मचारियों के प्रति उचित व्यवहार, माता-पिता के प्रति सम्मान, मित्रों, साथियों, सम्बन्धियों के प्रति उदारता, तथा ब्राह्मणों और श्रमणों के प्रति श्रद्धा। यही धर्म है। (**राधागुप्त से**) महामन्त्री?

राधागुप्त : आलेख सर्वथा उचित है। यही तो सब सम्प्रदायों का सार है। प्रजा के लिए राजा का सन्देश अद्भुत है। आने वाले राजाओं के लिए अनुकरणीय। (**उपगुप्त खाँसता है।**)

(**सागरमते उपगुप्त को देखता है। फिर इशारा समझकर बोलता है।**)

सागरमते : महाराज, मैं कुछ कहना चाहता हूँ। यदि आज्ञा हो तो!

अशोक : हाँ हाँ कहो भिक्खु।

सागरमते : महाराज! मैं आपसे पुनः अनुरोध करूँगा...आप बुद्ध की शरण में हैं। अतएव आपका यह कर्तव्य है कि प्रजा को अभिधर्म की शरण में जाने को निर्देशित करें।

अशोक : (**सागरमते की अवहेलना करते हुए**) दूसरा आलेख? शब्दकार!

शब्दाकार : जो आज्ञा। (**तख्ती उठाकर पढ़ते हुए**) देवानाम्प्रिय राजा प्रियदर्शी की आज्ञा से यह धर्म-आज्ञा लिखी गयी है। उनके राज्य में न तो किसी जीवित पशु की हत्या की जाये, और न उसकी बलि चढ़ाई जाये। पहले देवानाम्प्रिय राजा पियदस्सी की राज-रसोई में हर दिन हजारों पशुओं का वध भोजन के लिए किया जाता था। अब, इस धर्माज्ञा के लिखे जाते समय राज-रसोई

में एक भी पशु का वध नहीं किया जाता है।

अशोक : यह तो सत्य नहीं है।

सागरमते : **(उपगुप्त की ओर इशारा करते हुए)** स्थविर का विचार था...

अशोक : स्थविर कभी भी शिलालेख में असत्य लिखने की आज्ञा नहीं दे सकते। ठीक कहा न स्थविर!

(स्थविर उत्तर नहीं देता)

अशोक : राजा प्रजा के पिता समान होता है। जैसे पिता चाहता है कि उसकी सन्तान चरित्रवान और सम्पन्न हो, वैसे ही हम भी अपनी प्रजा का कल्याण और हित चाहते हैं। अगर पिता असत्यभाषी हो, तो उसकी सन्तान कैसे सत्यवादी होगी। नहीं, हम अपनी प्रजा से असत्य नहीं बोल सकते। शब्दकार लिखो–

(शब्दकार लिखता है।)

अशोक : लिखो शब्दकार–पहले देवानामृप्रिय राजा प्रियदर्शी की राज-रसोई में सहस्रों पशुओं का वध भोजन के लिए किया जाता था। अब इस धर्माज्ञा के लिखे जाते समय प्रत्येक दिन केवल दो मोर और एक हिरन भोजन के लिए वध किये जाते हैं। कालान्तर में इन तीन पशुओं का भी वध राज-रसोई के लिए नहीं किया जायेगा। **(स्थविर से)** भन्ते उपगुप्त, राजा प्रजा के लिए पिता समान होता है। जैसे पिता अपने पुत्र से असत्य नहीं बोलता, हम भी अपनी प्रजा से असत्य नहीं बोल सकते।

उपगुप्त : प्रारूप, समुचित है? **(भन्ते आशीर्वाद में हाथ उठाकर आशीर्वाद देता है।)**

अशोक : भिक्खु सागरमते, आपको क्या कहना है?

सागरमते : समुचित है महाराज।

अशोक : महामन्त्री, मेरी यह धर्म-आज्ञाएँ, नगर के प्रमुख स्थानों पर, देश-विदेश में लगाई जाएँ। **(खड़े होकर)** हम चाहते हैं **(सब खड़े हो जाते हैं)** धर्म का सन्देश जन-जन तक पहुँचे। वे अपना यह जीवन, और मृत्यु के उस पार का

भी जीवन सफल बनाएँ। **(मंचाग्र पर आकर)** हमारी आज्ञा पाषाण-शिलाओं पर अंकित की जाये, जिससे समय के साथ वह धूमिल न हों। **(धीरे-धीरे मंच का प्रकाश विलीन हो जाता है। केवल अशोक प्रकाश के वृत्त में दिखाई पड़ता है)** चटकती धूप, भीषण आँधी, घनघोर वर्षा के साथ सब कुछ मिट जायेगा। व्यतीत हो जायेगा। सब कुछ मिट जायेगा। किन्तु शिलालेखों में अंकित हमारी वाणी कभी व्यतीत नहीं होगी। शताब्दियों के उस पार भी लोग सुनेंगे हमारी वाणी देवानाम्प्रिय राजा प्रियदर्शी अशोक की वाणी। हाँ, देवानाम्प्रिय राजा प्रियदर्शी वाणी। और लोक करेगा जयजयकार। हमारी जयजयकार।

(चारों ओर नेपथ्य से 'राजा प्रियदर्शी की जय' के नारे सुनाई पड़ते हैं। नारों की आवाज़ धीरे-धीरे बढ़ती जाती है अशोक के मुख पर विजय की मुस्कान। धीरे-धीरे मंच का प्रकाश विलीन होता है, किन्तु अशोक के चारों ओर प्रकाश का घेरा रहता है। वह दोनों हाथ उठाकर नारों को स्वीकार करता है। नारों की आवाज़ के साथ मृदंग की थाप की आवाज़ धीरे-धीरे बढ़ते हुए नारों को डुबा देती है।)

(अन्तराल-अन्धकार)

दृश्य-9

पात्र : *चक्रपाणि, तिष्यरक्षिता, राधागुप्त।*

स्थान : *वैद्य चक्रपाणि का घर।*

(चक्रपाणि बाहर का द्वार खोलते हैं। वह महामन्त्री राधागुप्त को देखकर नमस्कार करते हैं।)

चक्रपाणि : नमन महामन्त्री। नमन। हमारा सौभाग्य, आप दरिद्र की कुटिया पर पधारे। आइए। बैठिए।

राधागुप्त : बहुत दिनों से आपसे मिलने की इच्छा कर रहा था, वैद्यराज चक्रपाणि।

चक्रपाणि : कोई विशेष प्रयोजन? आप आज्ञा देते; मैं आपकी सेवा में प्रस्तुत हो जाता।

राधागुप्त : आपसे बहुत सी बातें करनी हैं। आपका परामर्श लेना है। आज तो एक विशेष कारण से आया हूँ।

चक्रपाणि : आज्ञा दीजिए।

राधागुप्त : महाराज रोगग्रस्त हैं।

चक्रपाणि : कब से?

राधागुप्त : तीन मास से। उपचार के पश्चात भी रोग पकड़ में नहीं आ रहा है। और वे बहुत दुर्बल हो गये हैं। एकदम क्षीण।

चक्रपाणि : कुक्कुटाराम महाविहार के बौद्ध वैद्य तो उनका उपचार कर रहे होंगे?

राधागुप्त : हाँ, वही तो उपचार कर रहे हैं। ऐसा लगता है रोग उनके वश के बाहर है।

चक्रपाणि : जब तक महाराज बिन्दुसार थे, तब तक इस वैद्य चक्रपाणि को राजभवन पर बुलाया जाता था। लेकिन

महाराज अशोक, नहीं-नहीं महाराज प्रियदर्शी को तो केवल बौद्ध प्रिय है।

राधागुप्त : मैं आपको राजभवन लेने आया हूँ। आप चल कर उनको देखें। उनका उपचार करें।

चक्रपाणि : मैं...मैं कैसे जा सकता हूँ?

राधागुप्त : क्यों नहीं जा सकते? मैं आपसे चलने का अनुरोध कर रहा हूँ। मगध के राजा रोगग्रस्त हैं।

चक्रपाणि : श्रीमन्त महामन्त्री जी, आप जानते हैं कुक्कुट विहार के वैद्यों ने मेरा कितना अपमान किया है। राजकीय संरक्षण ने उनको अहंकारी बना दिया है। वह अन्य हर एक को अपने से हीन समझते हैं।

राधागुप्त : कुक्कुट विहार के वैद्यों को तो बाद में अनुशासित किया जा सकता है। पहले तो महाराज के जीवन का प्रश्न है। पिछली बातों को भूल कर आप राजभवन आइए।

चक्रपाणि : आपने धर्मसंकट में डाल दिया है।

राधागुप्त : इसीलिए वैद्यराज; मैं आपसे स्वयं निवेदन करने आया हूँ।

चक्रपाणि : मैंने राजभवन न जाने की शपथ ली है।

राधागुप्त : अगर महाराज रोगमुक्त नहीं हुए, तो पुनः सिंहासन के लिए भीषण युद्ध होगा, जैसा महाराज बिन्दुसार के देहावसान के बाद हुआ। चार वर्ष तक युद्ध की विनाश लीला चली। मैं नहीं चाहता—हमारी प्रजा पुनः वैसा ही विनाश पुनः भोगे।

चक्रपाणि : शपथ से मैं बँधा हूँ। मेरी विवशता है। हाँ, इससे निकलने का एक मार्ग है।

राधागुप्त : क्या?

चक्रपाणि : मेरी भांजी कुशल वैद्य है। उसने काशी में मेरे पिताश्री से आयुर्वेद में प्रशिक्षण और प्रवीणता प्राप्त की है। वह महाराज का उपचार कर सकती है।

राधागुप्त : एक अनजान वैद्य के हाथों में महाराज का जीवन कैसे सौंप सकता हूँ। अगर कुछ हो गया, तो सारा लांछन

मेरे ऊपर आयगा।

चक्रपाणि : आप मुझ पर विश्वास कर सकते हैं। फिर मैं स्वयं भी तो उससे रोग के निदान और उपचार पर चर्चा करूँगा। सम्राट के उपचार पर बराबर दृष्टि रखूँगा।

राधागुप्त : ठीक है। मैं स्वयं भी महाराज को इन कुक्कुटाराम के वैद्यों के चंगुल से निकालना चाहता हूँ। अगर आप उनका उपचार कर रोगमुक्त कर सकें, तो यह कुक्कट विहार के वैद्यों के अहंकार को चूर्ण करेगा। कहाँ है आपकी भांजी। बुलाइए वैद्य को।

(चक्रपाणि नेपथ्य में जाता है थोड़ी देर बाद चक्रपाणि, तिष्यरक्षिता के साथ आता है।)

तिष्यरक्षिता : महामन्त्री के चरणों में नमन। मैं तिष्यरक्षिता। वैद्य चक्रपाणि की भांजी और शिष्या।

राधागुप्त : और वैद्या भी?

तिष्यरक्षिता : **(हँसकर स्वीकारते हुए)** हाँ, वैद्या भी।

राधागुप्त : **(सोचते हुए)** तिष्यरक्षिता...? यही नाम बताया तुमने।

तिष्यरक्षिता : जी हाँ। तिष्यरक्षिता।

राधागुप्त : तुम्हारा नाम तिष्यरक्षिता है। महाराज के अनुज का नाम है तिष्य। और महाराज का आदेश है कि प्रत्येक तिष्य-तिथि, उनके द्वारा स्थापित शिलालेखों का जनता के बीच धर्ममहामात्र वाचन करें। मौर्य साम्राज्य का तिष्य नक्षत्र से कुछ अधिक ही सम्बन्ध लगता है।

तिष्यरक्षिता : इसमें मेरा दोष नहीं, मेरे पिता का दोष है, जिन्होंने यह नाम रखा।

राधागुप्त : कौन हैं तुम्हारे पिता? क्या नाम है उनका?

तिष्यरक्षिता : मेरे पिता... वे अब नहीं हैं। उनका देहान्त हो गया।

राधागुप्त : कब देहान्त हुआ? क्या नाम था उनका?

चक्रपाणि : उनका नाम है वैद्य चक्रपाणि। मैं हूँ तिष्यरक्षिता का पिता। यह जब चार पाँच साल की बच्ची थी तब ही इसके पिता चल बसे। इसे तो उनकी याद भी नहीं। वाराणसी में अपने नाना—अर्थात् मेरे पिता के घर

पली-बढ़ी। उन्हीं से वैद्यक पढ़ी। और अब तो मेरे भी कान काटती है। चरक और सुश्रुत तो इसके कंठ में निवास करते हैं। अद्‌भुत है इसकी स्मरण शक्ति। कुछ नहीं भूलती।

राधागुप्त : वैद्या तिष्यरक्षिता, चक्रपाणि तुम्हारी बड़ी प्रशंसा कर रहे हैं। हम उनके प्रशंसक हैं। कल पूर्वाह्न में तुम्हारे राजभवन पहुँचने की व्यवस्था कर दी जायेगी। पहले दिन मैं स्वयं राजभवन में तुम्हारी प्रतीक्षा करूंगा। उसके पश्चात तुम स्वयं राजभवन में उपचार के लिए आ जा सकोगी। कोई सैनिक तुम्हारा आना-जाना बाधित नहीं करेगा। ठीक, अब मैं चलूँगा, वैद्य चक्रपाणि।

चक्रपाणि : रोगी को देखने मेरी भांजी राजभवन जायेगी, किन्तु उपचार और आहार मेरे परामर्श से होगा। आप निश्चित रहें।

(राधागुप्त उठ खड़ा होता है, और चक्रपाणि तथा तिष्यरक्षिता को नमन करता है। बाहर जाता है। तिष्यरक्षिता घर के अन्दर जाती है। राधागुप्त थोड़ी देर बाद लौटकर आता है।)

राधागुप्त : एक बात तो कहना ही भूल गया वैद्य चक्रपाणि। आपकी शत्रुता कुक्कुट विहार के वैद्यों से है। इस शत्रुता की आँच महाराज तक नहीं पहुँचनी चाहिए। **(रुककर, धमकी के स्वर में)** आप नहीं जानते, हम बहुत कुछ जानते हैं वैद्य चक्रपाणि। हम आपको केवल सावधान करना चाहते हैं। **(प्रस्थान)**

(भयभीत सा चक्रपाणि उत्तरीय से अपने माथे का पसीना पोंछता है।)

(अन्तराल अन्धकार)

दृश्य-10

पात्र : *अशोक, तिष्यरक्षिता।*

स्थान : *अशोक का शयनकक्ष। शय्या के पास मेज पर औषधियाँ तथा चषक सहित मदिरा पात्र रखा है।*

(अशोक अपनी शय्या के पास पड़ी कुर्सी पर बैठा है। अब वह अधेड़ आयु का है। उसके बालों में सफेदी है। (तिष्यरक्षिता का प्रवेश)

अशोक : आइए वैद्या तिष्यरक्षिता। हम आपकी प्रतीक्षा कर रहे थे।

तिष्यरक्षिता : **(हाथ जोड़कर)** महाराज को नमन। आज आप एकदम स्वस्थ लग रहे हैं।

अशोक : वैद्या को देखकर रोगी अपने आप स्वस्थ हो जाता है।

तिष्यरक्षिता : **(हँसकर)** नहीं महाराज। आप वैद्या को देखकर स्वस्थ नहीं हुए हैं। आप वैद्या के उपचार से स्वस्थ हुए हैं। पिछले एक महीने से प्रतिदिन मैं आपकी सेवा में आ रही हूँ। लाइए देखूँ आपकी नाड़ी। **(बैठकर नाड़ी देखती है। अशोक कामुक दृष्टि से उसे निहारता है।)**

अशोक : पिछले एक मास से हर दिन हमारी नाड़ी देख रही हो।

तिष्यरक्षिता : अब आप रोगमुक्त हैं। स्वस्थ हैं । मुझे आज्ञा दीजिए। **(हाथ जोड़कर नमन करती है और मुड़कर द्वार की ओर बढ़ती है।)**

अशोक : ठहरो। **(जाती हुई तिष्यरक्षिता रुक जाती है। और घूमकर अशोक को देखती है।)** वहीं रुक जाओ! खड़ी रहो।

तिष्यरक्षिता और अंशोक

मुझे देखने दो। अब मेरी ओर आओ। **(तिष्यरक्षिता चलती हुई अशोक की तरफ़ बढ़ती है।)** रुक जाओ **(तिष्यरक्षिता रुक जाती है।)** अब घूमो। घूम कर मेरी ओर पीठ करो।

तिष्यरक्षिता : महाराज!!

अशोक : आज्ञा का पालन करो। बोलो मत।

तिष्यरक्षिता : जैसी आपकी आज्ञा। **(घूमकर खड़ी हो जाती है।)**

अशोक : अब चलो। आगे बढ़ो **(तिष्यरक्षिता चलती है। जैसे ही वह द्वार के निकट पहुँचती है।)** ठहरो। **(तिष्यरक्षिता रुक जाती है।)**

तिष्यरक्षिता : **(घूमकर)** महाराज, आप वैद्या से सैनिक पदचाप करवा रहे हैं?

अशोक : नहीं। तुम्हें जाते हुए देखना हमें अच्छा लगता है।

तिष्यरक्षिता : मेरा जाना महाराज को अच्छा लगता है, तो मैं अब कभी नहीं आऊँगी।

अशोक : तुम नहीं आओगी, तो हम तुम्हारा जाना कैसे देखेंगे? तुमको तो आना ही पड़ेगा।

तिष्यरक्षिता : **(भ्रमित-सी)** मैं समझी नहीं।

अशोक : हम सब समझा देंगे। **(प्याले में शराब उँड़ेलता है फिर घूँट लेकर)** हम तुम पर मुग्ध हैं तिष्यरक्षिता।

तिष्यरक्षिता : **(घूमकर अशोक को देखते हुए)** महाराज! क्या कह रहे हैं आप? मैं आपकी वैद्या हूँ।

अशोक : जानता हूँ वैद्या। तरुणी वैद्या! कमनीय कामिनी, जिसका हर अंग विधाता ने स्वयं अपने हाथों से रचा है।

तिष्यरक्षिता : **(हाथ जोड़कर)** आप रोगमुक्त हैं। राजभवन में मेरा कार्य समाप्त हो गया है। अब मुझे जाने की आज्ञा दीजिए।

अशोक : किसने कहा कि हम रोगमुक्त हैं। हम अभी भी रोगग्रस्त हैं—कामरोग से। कामज्वर से पीड़ित हैं। आओ, हमारी भुजाओं में समा जाओ।

(तिष्यरक्षिता अविचल रहती है।)

अशोक : यह तुम्हारा सौभाग्य है कि तुम्हारा राजा तुम पर मुग्ध

है। **(उठकर तिष्यरक्षिता के निकट जाकर)** तुम्हारी कजरारी चितवन, कपोलों की अरुणिम आभा, लाल होठों की मदिरा– **(तिष्यरक्षिता के चारों ओर घूमते हुए, कामुकता से)** यह मांसल देह, सुन्दर देहयष्टि!! लगता है तुम पुष्प आच्छादित सुकुमार लता वल्लरी हो। हमें सुगन्ध से आप्लावित कर रही हो। तुम वह प्रकाश-पुंज हो, जिससे ये शयनकक्ष जगमगाने लगा है। तुम वह अग्नि स्फुलिंग हो, जिसने हमारे अंग-अंग में आग लगा दी है। **(तिष्यरक्षिता के दोनों हाथ पकड़ते हुए)** विधाता ने हमारे लिए तुम्हें रचा है। हमारे लिए--

तिष्यरक्षिता : **(अशोक के दोनों हाथ झटककर अलग हो जाती है।)** महाराज! यह अनुचित है।

अशोक : ओह, तुम तो नागिन सी फुँफकारती हो। **(सधे हुए धमकी भरे शब्दों में)** मत भूलो हम राजा हैं। **(अचानक क्रोध का विस्फोट)** हम तुम्हारे फन को कुचल सकते हैं।

तिष्यरक्षिता : **(हाथ जोड़कर विनयपूर्वक)** महाराज यह अनुचित है।

अशोक : उचित-अनुचित का ज्ञान तुम दोगी हमें?

तिष्यरक्षिता : **(हाथ जोड़कर)** मैं आपकी वैद्या हूँ। मुझ पर कृपा कीजिए। मुझे जाने की आज्ञा दीजिए। कृपा कीजिए।

अशोक : **(शय्या पर बैठते हुए)** तुम पर कृपा ही कर रहे हैं। हर एक को यह सौभाग्य प्राप्त नहीं होता। यह राजा का शयन कक्ष है। यह राजा की शयन सेज है। राजा स्वयं निमन्त्रित कर रहा है तुम्हें अपनी सेज पर। वह तुम्हें अपनी सेजसंगिनी बनाना चाहता है। इससे बड़ी कृपा राजा और क्या कर सकता है– अपनी रमणीय वैद्या पर। तुम्हारा स्थान तो हमारे अन्तःपुर में है। **(अशोक प्याले में शराब डालता है।)**

तिष्यरक्षिता : मैं इस कृपा के योग्य नहीं हूँ महाराज। मुझे क्षमा करें। जाने की आज्ञा दे दें।

अशोक : कैसे आज्ञा दे दें तुम्हें जाने की? **(शराब का घूँट लेते**

हुए) तुम्हारा यह अप्रतिम सौन्दर्य! तुम्हें देखकर लगता है जैसे स्वर्ग की कोई अप्सरा उतर आयी हमारे शयनकक्ष में—मेनका या उर्वशी। पहाड़ी नदी सा उत्तलित तुम्हारा यौवन! यह हमारी धमनियों में वासना का ज्वार जाग्रत कर रहा है। हम राजा हैं। राजा की इच्छा पालन करना तुम्हारा कर्तव्य है। हम चाहते हैं तुम स्वयं हमसे प्रणय निवेदन करो। स्वयं घुटनों के बल बैठकर अपना सौन्दर्य अपने राजा को अर्पित करो। **(अचानक प्याला धरती पर पटकते हुए वह चीख उठता है।)** हमारी आज्ञा का पालन क्यों नहीं हुआ।

(तिष्यरक्षिता चुप रहती है।)

अशोक : **(तिष्यरक्षिता के निकट जाकर)** तुम्हारा यह मौन राजा की अवज्ञा है। हम चाहते हैं तुम्हारा समर्पण। यह हमारा आदेश है। अब तक तुमने कामाशोक देखा है। हम चंडाशोक भी हैं। हमारा प्रचण्ड क्रोध बहुत भयंकर है। हम तुम्हें मृत्यु दण्ड भी दे सकते हैं। आग में भी जलवा सकते हैं।

(तिष्यरक्षिता अविचल रहती है।)

अशोक : **(दोनों कन्धे पकड़ कर)** तुम पहली स्त्री हो जिसने हमारी इच्छा का अनादर किया। हमारी आज्ञा की अवज्ञा की है। **(झटके से तिष्यरक्षिता की पीठ अपनी तरफ कर लेता है। उसकी गर्दन को दोनों हाथों से सहलाते हुए)** बहुत सुन्दर है तुम्हारी ग्रीवा। मयूरी की ग्रीवा-सी। गर्वोन्नत। हम अन्तिम बार कह रहे हैं– घुटनों के बल बैठकर अपने आपको समर्पित करो अपने राजा के चरणों में।

(तिष्यरक्षिता उत्तर नहीं देती)

अशोक : **(विक्षिप्त सा तिष्यरक्षिता की दोनों हाथों से गर्दन दबाते हुए)** तुम्हारा जीवन और मरण हमारे हाथ है। **(गर्दन छोड़कर, अचानक क्रोध के विस्फोट में)** हमारी आज्ञा का पालन हो।

(चीखते हुए अशोक को खाँसी आ जाती है। खाँसी आते ही वह बेबस सा खाँसता हुआ शय्या पर बैठता है। तिष्यरक्षिता दौड़कर, शय्या के पास रखी दवाई की बोतल से दवाई निकालकर उसको पिलाती है। और अशोक की पीठ सहलाती है। अशोक की खाँसी रुक जाती है।)

तिष्यरक्षिता : महाराज, जब खाँसी आये, तो यह भेषज आप लें। आपको आराम आयेगा। **(खड़े होकर)** अब मुझे जाने की आज्ञा दी जाये महाराज। **(हाथ जोड़ती है।)**

अशोक : तिष्यरक्षिता रुको। **(तिष्यरक्षिता का हाथ पकड़कर)** हमारी पटरानी असंघमित्ता का देहान्त हो चुका है। उनके स्थान पर हम तुमको मगध की पटरानी बनाना चाहते हैं। तुमको यह स्वीकार है?

(तिष्यरक्षिता कुछ देर वैसी ही स्तब्ध खड़ी रहती है।)

अशोक : **(घुटनों के बल बैठकर)** हम तुमसे विवाह करना चाहते हैं। हम तुमको अपनी पटरानी बनाना चाहते हैं। तुमने उत्तर नहीं दिया?

(तिष्यरक्षिता अशोक को कुछ क्षण देखती है, फिर अपने दोनों हाथ बढ़ाती है। अशोक उनको पकड़कर खड़ा होता है।)

अशोक : क्या है तुम्हारा उत्तर?

तिष्यरक्षिता : **(अशोक की आँखों में देखते हुए, आत्मविश्वास से)** राजाज्ञा का पालन होगा! अगर मेरे हाथ में वरमाला होती, तो आपके गले में डाल देती। **(अपनी दोनों बाँहें अशोक के कन्धों पर रखती है।)**

(अन्तराल-अन्धकार)

दृश्य-11

पात्र : *सागरमते, कात्यायन, उपगुप्त।*

स्थान : *बौद्ध विहार का एक कक्ष।*

(तख्त पर स्थविर उपगुप्त बैठे हैं। भिक्खु सागरमते तथा भिक्खु कात्यायन उनके सामने भूमि पर बैठे हैं। वे आपस में वार्तालाप कर रहे हैं।)

सागरमते : महाराज को आपने अभिधर्म में दीक्षित किया। फिर भी वह अभिधर्म का उतना सम्मान नहीं करते जितना एक उपासक को करना चाहिए। शिलालेख में महाराज ने लिखवाया है कि ब्राह्मण और श्रमण दोनों का आदर करें। जब बौद्ध उपासक ब्राह्मण का आदर करेगा तो फिर बौद्ध श्रमण को कौन पूछेगा?

कात्यायन : महाराज अशोक हृदय से आजीवक हैं।

उपगुप्त : आजीवक?

कात्यायन : ज्ञात हुआ है कि उन्होंने कलिंग प्रदेश की दो गुफाएँ आजीवकों को दान में दी हैं।

उपगुप्त : वह राजा है। उसमें राजा का अहम हैं। राजा कुछ भी कर सकता है।

सागरमते : राजा अशोक बुद्ध की शरण में हैं। धम्म की शरण में हैं। परन्तु संघ की शरण में नहीं हैं। अगर वह संघ से भी जुड़ जाएँ, तभी उनका अभिधर्म के प्रति समर्पण पूर्ण होगा।

उपगुप्त : **(खुलकर हँसते हुए)** क्या राजा अशोक को काषाय चीवर पहना कर बौद्ध भिक्खु बना देना चाहते हैं आप लोग?

बौद्ध संगोष्ठी

सागरमते : नहीं। हम चाहते हैं कि वह बौद्ध संघ से दूर न रहें। बौद्ध संघ के प्रति उनकी वही भावना हो, जो बुद्ध और धम्म के प्रति है। आप उनसे बौद्धसंघ के संघ-प्रधान का पद स्वीकार करने का आग्रह कर सकते हैं।

उपगुप्त : क्या करेगा यह संघ-प्रधान?

सागरमते : वह सुनिश्चित करेगा कि भिक्खु और भिक्खुणियाँ धम्म-विनय का पालन करते हैं। शील और अनुशासन भंग नहीं करते।

कात्यायन : इस बहाने वह विहार की गतिविधियों की सूचना और समस्याओं से प्रतिदिन अवगत होते रहेंगे।... और प्रतिदिन उनको संघ की समस्याओं को हल करना होगा।

सागरमते : कभी-कभी उनको कुक्कुटाराम विहार में रहने वाले भिक्खु-भिक्खुणिओं की दशा जानने स्वयं वहाँ जाना होगा।

उपगुप्त : आप सबका विचार बहुत उत्तम है। मैं महाराज से बात करूँगा। मुझे विश्वास है कि वह बौद्ध संघ के संघप्रधान का दायित्व स्वीकार कर लेंगे। अगर राजा अशोक के अहं का यही उपचार है, तो यह मुझे स्वीकार है। देवानामृप्रिय राजा प्रियदर्शी संघ-प्रधान!!

(उपगुप्त हाथ जोड़कर नमन करता है। सब उत्तर में उपगुप्त के सम्मुख हाथ जोड़कर नमन करते हैं।)

(अन्तराल-अन्धकार)

दृश्य-12

पात्र : *सागरमते, तिष्यरक्षिता।*

स्थान : *राजभवन के अन्तःपुर का एक कक्ष।*

(भिक्खु सागरमते एक छोटे दीवान पर आँख बन्द करके बैठा तिष्यरक्षिता की प्रतीक्षा कर रहा है।)

(नन्दिता का प्रवेश।)

नन्दिता : भन्ते।

सागरमते : **(आँखें बन्द किये हुए ही)** महारानी पर तथागत की कृपा हो।

नन्दिता : **(एकदम खिलकर)** भन्ते को मैं महारानी लगती हूँ?

सागरमते : **(आँख खोलकर)** ओह तुम नन्दिता! मैं समझा महारानी।

नन्दिता : क्या मैं महारानी नहीं हो सकती?

सागरमते : क्यों नहीं हो सकतीं? मैंने तुम्हें महारानी से कम कब समझा?

नन्दिता : **(मुस्कुराकर)** भिक्खु का मन चंचल हो रहा है?

सागरमते : अपराधी मैं नहीं।

नन्दिता : तो कौन है अपराधी?

सागरमते : सामने खड़ी है अपराधी।

नन्दिता : उल्टा चोर कोतवाल को डाँटे! मन भिक्खु का चंचल हो, तो अपराध उसका नहीं? किसी और का अपराध है।

सागरमते : अपराधी तो वह है जो भिक्खु का मन चंचल करे। आने दो महारानी को, मैं उनसे कहूँगा।

नन्दिता : क्या कहोगे?

सागरमते : यही कि आपकी दासी का चाल-चलन ठीक नहीं है। वह भिक्खु का मन चंचल करती है।

नन्दिता : महारानी पूछेंगी—किस भिक्खु का मन चंचल किया?

सागरमते : मैं उत्तर दूँगा—मेरा मन चंचल किया।

नन्दिता : महारानी पूछेंगी—क्यों उसने आपका ही मन चंचल किया? किसी और का क्यों नहीं?

सागरमते : ...क्योंकि...

नन्दिता : उत्तर दो भिक्खु सागरमते। क्यों केवल तुम्हारा मन चंचल किया, औरों का नहीं?

सागरमते : **(अनुत्तरित सा)** क्योंकि—

नन्दिता : **(काटते हुए)** क्योंकि अयोध्या। मैं सब बता दूँगी। कोसीकलाँ...अयोध्या...

सागरमते : **(अचानक घबराकर)** क्या...क्या कह रही हो!

नन्दिता : **(मुदित)** जो सच है।

सागरमते : **(सजग होकर)** कोई आ रहा है तुम जाओ। **(आँख बन्द करके ध्यान में बैठ जाता है)**

(तिष्यरक्षिता का प्रवेश। घबराई सी नन्दिता हाथ जोड़कर महारानी को मौन नमन करती है, और जाती है)

तिष्यरक्षिता : भन्ते! **(हाथ जोड़कर)** नमन!

सागरमते : **(आशीर्वाद में हाथ उठाकर)** तथागत की कृपा हो महारानी पर।

तिष्यरक्षिता : **(बैठते हुए)** मुझे अपनी दासी नन्दिता से ज्ञात हुआ कि आप मुझसे मिलना चाहती हैं?

सागरमते : हम तो सभी से मिलना चाहते हैं। हम भिक्खु हैं न। भिक्षा माँगनी है तो मिलना तो पड़ेगा ही। सबसे मिलना पड़ेगा। आपसे भी।

तिष्यरक्षिता : तो आप भिक्षा माँगने के लिए मुझसे मिलना चाहते थे।

सागरमते : दासी नन्दिता ने कहा मगध की महारानी किसी बौद्ध भिक्खु से मिलना चाहती हैं। मैंने कहा—वह बौद्ध भिक्खु से मिलना चाहती हैं। मैं भी तो भिक्खु हूँ। तो मुझसे क्यों नहीं? नन्दिता ने कहा—हाँ क्यों नहीं।

और उसने आपको मेरा नाम बता दिया—भिक्खु सागरमते।

तिष्यरक्षिता : भन्ते, आप नन्दिता को जानते हैं?

सागरमते : जानता हूँ। जान पहचान तो हो ही जाती है। भिक्षा के लिए हम लोग गली-गली द्वार-द्वार बुद्धघोष करते हैं। उसी से जान जाते हैं सबको। बहुतों को। धनिक को, निर्धन को, विद्यार्थी को, आचार्य को, पण्डित को, मूर्ख को। सब को।

तिष्यरक्षिता : कितना जानते हैं नन्दिता को?

सागरमते : जितना सबको। सबको ही जानता हूँ। मेरा नाम है सागरमते। सागर में सब समा जाता है। मेरा परिचय संसार भी सागर सा विशाल है।

तिष्यरक्षिता : कब से जानते हैं?

सागरमते : कब से?

तिष्यरक्षिता : **(कठोरता से)** हाँ कब से?

सागरमते : बहुत दिनों से।

तिष्यरक्षिता : आप कहाँ के हैं?

सागरमते : आप जानती तो हैं। पाटलिपुत्र के कुक्कुट विहार में रहता हूँ। वहीं से आया हूँ।

तिष्यरक्षिता : भिक्खु बनने के पहले कहाँ थे?

सागरमते : हम अब भिक्खु हैं। हमारा पुनर्जन्म हुआ है—भिक्खु बनकर। हम पिछला सब भूल चुके हैं?

तिष्यरक्षिता : मेरे प्रश्न का उत्तर दीजिए। पूर्व जन्म में आप कहाँ रहते थे—अपने माता-पिता के साथ?

(सागरमते चुप रहता है।)

तिष्यरक्षिता : उत्तर दीजिए, अन्यथा—कारागार में जाना पड़ेगा।

सागरमते : कारागार! कारागार क्यों? मैंने क्या किया?

तिष्यरक्षिता : राजप्रासाद में अवैध प्रवेश और चोरी करने के अपराध में।

सागरमते : लेकिन यह तो असत्य है।

तिष्यरक्षिता : मगध की सम्राज्ञी तिष्यरक्षिता को झूठा कहने का साहस किसमें है?

सागरमते : **(हाथ जोड़कर)** सम्राज्ञी, यह अन्याय मत कीजिएगा— एक निरपराध भिक्खु पर।

तिष्यरक्षिता : पूर्वजन्म में कहाँ रहते थे?

सागरमते : मथुरा के पास कोसीकलाँ ग्राम में।

तिष्यरक्षिता : और नन्दिता? वह भी कोसीकलाँ ग्राम से है?

सागरमते : वह भी कोसीकलाँ से है।

तिष्यरक्षिता : आप दोनों में प्रेम सम्बन्ध थे?

(सागरमते उत्तर नहीं देता)

तिष्यरक्षिता : फिर विवाह क्यों नहीं हुआ? **(कठोरता से)** उत्तर दीजिए। विवाह क्यों नहीं हुआ?

सागरमते : कैसे होता विवाह? मैं शूद्र निषाद, और वह वेदों के गायक, विद्वान, पूजित ब्राह्मण।

तिष्यरक्षिता : कैसे प्रेमी थे आप दोनों। भाग क्यों नहीं गये एक साथ?

सागरमते : भाग गये थे। लेकिन पकड़े गये।

तिष्यरक्षिता : कैसे?

सागरमते : हम लोग अयोध्या में रह रहे थे। पता लगाते-लगाते उसके घर वाले हमारे घर पहुँच गये।

तिष्यरक्षिता : कैसे बचे?

सागरमते : मैं उस समय घर से बाहर था। जब अपने घर वापस आ रहा था, तो पड़ोसियों ने बताया कि नन्दिता के घरवाले मेरी घात लगाये बैठे हैं। मैं बस भाग गया। उनके डर के मारे मैंने सिर घुटाया, और संघ की शरण में चला गया।

तिष्यरक्षिता : नन्दिता से मिलते हैं?

सागरमते : पूर्वजन्म का सम्बन्ध है। पूर्वजन्म की स्मृतियाँ हैं।

तिष्यरक्षिता : क्या मैं आप पर विश्वास कर सकती हूँ?

सागरमते : निस्सन्देह। वैसा ही विश्वास जो आप नन्दिता पर करती हैं।

तिष्यरक्षिता : भिक्खु सागरमते, बहुत सोच विचार कर हाँ करना। तुम आग से खेल रहे हो।

सागरमते : बहुत चिन्तन और विचार के बाद मेरी हाँ है। आप

भिक्खु सागरमते और नन्दिता

जितना नन्दिता पर विश्वास करती हैं, उतना मुझ पर भी कर सकती हैं।

तिष्यरक्षिता : मुझे महाराज के बारे में पूरी सूचना चाहिए। वह कब कब किसी बौद्ध विहार में जाते हैं। महास्थविर मोगलिपुत्त तथा स्थविर उपगुप्त से उनकी क्या बात हुई। बौद्ध संघ ने क्या निर्णय लिए। महाराज ने संघ को कितनी धनराशि भेंट की। मैं जानना चाहती हूँ—सब कुछ। सब कुछ महाराज के बारे में तथा बौद्ध संघ के बारे में।

सागरमते : सम्राज्ञी, आप जैसा कहेंगी मैं वैसा ही करूँगा। अब जाने की आज्ञा चाहता हूँ।

तिष्यरक्षिता : जाने के पहले आपको एक कथा सुनाना चाहती हूँ भिक्खु। **(सागर उत्सुकता से तिष्यरक्षिता को देखता है।)** एक राक्षस था। उसने पूरी पृथ्वी पर उत्पात मचा रखा था। वह मनमानी करता था। जिसे चाहता, उसकी हत्या कर देता, घरों को लूट लेता, स्त्रियों के साथ बलात्कार करता। जो भी उसका सामना करता, वह पराजित हो जाता। देवता सब परेशान थे। वह राक्षस पर तीर चलाते, तो तीर उसके शरीर को भेद नहीं पाते। अगर खड्ग से काटते भी, तो कटा हुआ अंग फिर जुड़ जाता। देवताओं ने गर्दन काटकर अलग कर दी, लेकिन थोड़ी देर में वह फिर जुड़ गयी। ऐसा अजेय और अवध्य था वह राक्षस। एक-एक करके सब देवताओं को उसने बन्दी बना लिया, और फिर इन्द्र के सिंहासन पर भी अधिकार कर लिया।

सागरमते : अच्छा!! कैसे छुटकारा मिला देवताओं को? कैसे इन्द्र को अपना राजपाट वापस मिला?

तिष्यरक्षिता : इन्द्रानी की बुद्धि से।

सागरमते : इन्द्रानी की बुद्धि से। कैसे?

तिष्यरक्षिता : इन्द्रानी ने पता लगाया कि वह राक्षस अपने घर से निकलने के पूर्व अपने प्राण एक तोते में रख आता

है। इसलिए युद्ध में देवता उसकी हत्या नहीं कर पाते। गर्दन काटने पर पुनः गर्दन जुड़ जाती है।

सागरमते : तो फिर?

तिष्यरक्षिता : इन्द्रानी ने उस तोते की गर्दन ऐंठ दी, तो वह राक्षस मर गया। कैसी लगी मेरी कहानी?

सागरमते : बहुत अच्छी। बहुत ही अच्छी। मुझे जाने की आज्ञा दी जाये।

तिष्यरक्षिता : जाने के पहले यह भी सुन लीजिए कि मेरे घर में भी एक तोता है; उसका नाम है नन्दिता। अगर आवश्यक हुआ तो इस तोते की गर्दन भी तोड़ी जा सकती है। **(खड़े होकर)** भिक्खु नमन। **(हाथ जोड़कर चली जाती है।)**

(सागरमते भयभीत सा तिष्यरक्षिता को देखता है।)

(अन्तराल-अन्धकार)

दृश्य-13

पात्र : *कुणाल, तिष्यरक्षिता।*

स्थान : *राजभवन में कुणाल का कक्ष।*

(तिष्यरक्षिता का प्रवेश। कक्ष में कुणाल नहीं है। वह इधर-उधर कुणाल को खोजती दृष्टि से देखती है।)

(कुणाल का प्रवेश)

कुणाल : **(तिष्यरक्षिता को देखकर)** नमन।

तिष्यरक्षिता : जब भी तुम्हारे कक्ष के सामने से जाती थी, तो सदा वीणा का मधुर स्वर सुनाई पड़ता था। आज नहीं सुनाई पड़ा, तो चिन्ता हुई। देखने चली आयी।

कुणाल : वीणा का तार टूट गया है। उसी को लगाने का प्रयत्न कर रहा हूँ, इतनी देर से।

तिष्यरक्षिता : तुम वीणा बहुत सुन्दर बजाते हो। कितने वर्षों से वीणा बजा रहे हो?

कुणाल : याद नहीं। बहुत वर्षों से।

तिष्यरक्षिता : बालपन से?

कुणाल : जी हाँ। बालपन से।

तिष्यरक्षिता : किससे सीखा वीणावादन?

कुणाल : पिता महाराज के राजदरबार में एक कलाकार को वीणा बजाते सुना। पहली बार। किन्तु मुझे लगा जैसे मैं वीणा पहले भी सुन चुका हूँ। सुनता रहा हूँ।

तिष्यरक्षिता : **(रुचि में)** अच्छा!

कुणाल : मुझे वीणा के प्रति विचित्र-सा आकर्षण अनुभव हुआ।

तिष्यरक्षिता : **(रुचि दिखाते हुए)** तो?

तिष्यरक्षिता और कुणाल

कुणाल : मैं दरबार के बाद संगीतज्ञ के घर गया। उनसे अनुरोध किया कि मैं वीणा को देखना चाहता हूँ। उसने वीणा दिखाई और बताया कैसे बजाई जाती है। मैंने कहा मैं देखूँ। और ऐसे ही इधर-उधर उँगली से तारों को छेड़ा, और... **(आश्चर्यचकित हर्ष से)** मैं वीणा बजाने लगा।

तिष्यरक्षिता : सच?

कुणाल : बिल्कुल सच। मुझे स्वयं अपने पर आश्चर्य हुआ। कैसे बजा लेता हूँ वीणा!

तिष्यरक्षिता : तुम पिछले जन्म में वीणावादक रहे होगे।

कुणाल : हो सकता है। पिछले जन्म की ही यह देन हो।

तिष्यरक्षिता : और तुम्हारी आँखें?

कुणाल : जी?

तिष्यरक्षिता : तुम्हारी आँखें?

कुणाल : मैं समझा नहीं।

तिष्यरक्षिता : क्या यह सुन्दर आँखें भी तुम्हारे पिछले जन्म की देन हैं?

कुणाल : **(संकोच से)** ऐसे ही लोग कहते हैं—कहाँ सुन्दर हैं!

तिष्यरक्षिता : सुन्दर तो हैं। काले भँवरों सी... बहुत आकर्षक हैं तुम्हारी आँखें।

(कुणाल उत्तर नहीं देता)

तिष्यरक्षिता : मैंने सुना है कि तुम्हारे जन्म के पश्चात तुम्हारे पिता सम्राट अशोक ने तुमको देखा तो वह तुम्हारी आँखों पर मुग्ध हो गये। तुम्हारी काली बड़ी-बड़ी आँखों का सौन्दर्य देखकर उनको कुणाल पक्षी की आँखें याद आ गयीं। इसीलिए उन्होंने तुम्हारा नाम भी कुणाल रख दिया।

कुणाल : **(विषय टालने के लिए)** आप खड़ी क्यों हैं? बैठिए।

तिष्यरक्षिता : **(बैठते हुए)** मैं तुम्हें क्या कहूँ। कुणाल या 'चारुनयन'?

कुणाल : आप मुझे कुणाल ही कहिए।

तिष्यरक्षिता : नहीं, मैं तुम्हें चारुनयन कहूँगी। तुम्हारे जैसी सुन्दर आँखों वाला दूसरा पुरुष मैंने आज तक नहीं देखा।

(कुणाल उत्तर नहीं देता।)

तिष्यरक्षिता : वीणा कैसे बजाते हैं? तनिक बजा के दिखाओ?... दिखाओ न।

कुणाल : वीणा का तार टूटा है।

तिष्यरक्षिता : कोई बात नहीं। मैंने आते जाते अनेक बार तुम्हारा वीणा-वादन सुना है। आज तक इतना सुन्दर वीणा वादन पहले कभी नहीं सुना। सुनकर ऐसा लगा मैं इस लोक में नहीं हूँ। संगीत की लहरों पर बहती हुई ऊपर, और ऊपर हवा में उड़ती चली जाती हूँ।

कुणाल : आप बहुत कृपालु हैं। मैं इतना अच्छा नहीं बजाता जितनी प्रशंसा आपने की है। आप दयालु हैं।

तिष्यरक्षिता : **(कुणाल का हाथ पकड़कर)** कुणाल यह बताओ, कि वीणा के तारों की झंकार का जादू वीणा के तारों में है, या तुम्हारी उँगलियों में? **(कुणाल का हाथ पकड़कर उसकी उँगलियों से खेलती है।)**

कुणाल : **(हाथ छुड़ाते हुए)** मैं नहीं जानता जादू कहाँ है। अगर जादू है तो तारों में होगा। **(थोड़ी दूर चला जाता है।)**

तिष्यरक्षिता : मैंने तो सुना है जादू हाथ की उँगलियों में होता है।

कुणाल : **(विभ्रमित)** उँगलियों में?

तिष्यरक्षिता : मैं एक कवि को जानती हूँ। नालन्दा में रहते हैं। बहुत रसिक हैं। वह कहते हैं जादू तो उँगलियों में होता है। **(तख़्त पर बैठते हुए)** वह कहते हैं कि पुरुष अपनी उँगलियों के जादू से स्त्री को भी वीणा के समान झंकृत कर देता है। **(वीणा के तार को झंकृत करती है।)** तुमने तो सुना होगा, स्त्री की लहर पर लहर लेती देह का झंकृत संगीत।

कुणाल : नहीं, मैंने नहीं सुना।

तिष्यरक्षिता : **(कुणाल के निकट जाकर)** नहीं सुना अब तक... **(कुणाल का हाथ अपने हाथ में ले कर उसकी उँगलियों से खेलते हुए)** जादुई हैं तुम्हारी उँगलियाँ। छेड़ो इन उँगलियों से मेरी देह के तार। **(दोनों हाथ कुणाल के कन्धे पर**

रखते हुए) सुनो मेरी झंकृत देह का संगीत।

(कुछ क्षण कुणाल और तिष्यरक्षिता एक दूसरे को देखते निश्चल खड़े रहते हैं। फिर कुणाल सचेत होकर तिष्यरक्षिता के दोनों हाथ अपने कन्धे से हटाता है।)

कुणाल : **(दोनों हाथ जोड़कर)** आप मेरी माता के स्थान पर हैं। वही स्थान आपको शोभा देगा। **(प्रस्थान)**

(अपमानित और क्रोधित तिष्यरक्षिता अपने स्थान पर जड़ हो जाती है।)

(अन्तराल-अन्धकार)

दृश्य-14

पात्र : *सागरमते, तिष्यरक्षिता।*

स्थान : *राजभवन का अन्तःपुर।*

(राज आसन पर बैठी तिष्यरक्षिता। पास में खड़ा भिक्खु सागरमते मद्धिम स्वर में उसे भेदभरी सूचना दे रहा है)

सागरमते : महारानी, एक सूचना और देनी है?

तिष्यरक्षिता : क्या?

सागरमते : महाराज ने आदेश दिया है कि अशोकाराम में केवल बौद्ध ही नहीं, सभी श्रमण निवास करेंगे। चाहे वह जैन श्रमण हों या आजीवक, या निर्ग्रंथ या कोई और। सभी श्रमण जब एक साथ रहेंगे, **(कुटिल प्रसन्नता से)** तो एक दिन उनमें घूँसे-लात चलेंगे ही। सर भी फूटेंगे। **(स्वर बदलकर)** महाराज ने अपने प्रिय छोटे भाई तिस्स को भी बुद्ध, धम्म और संघ की शरण का आदेश दिया है।

तिष्यरक्षिता : क्यों?

सागरमते : कदाचित अशोकाराम के श्रमणों पर नियंत्रण रखने के लिए। लेकिन क्या एक व्यक्ति चट्टानें तोड़ती वेगवती नदी का बहाव रोक सकता है। **(अतीव आह्लाद से)** अशोकाराम के साथ थेरवाद को भी वह नदी बहा ले जायेगी। मुझे आज्ञा दी जाये, महारानी।

(रानी हाथ जोड़ती है। सागरमते आशीर्वाद देता है।)

(अन्तराल-अंधकार)

दृश्य-15

पात्र : *राधागुप्त, अशोक, सागरमते, तिस्स, सैनिक।*

स्थान : *राजभवन का एक कक्ष।*

(अशोक विचलित क्रोध से इधर-उधर घूम रहा है। सामने सागरमते खड़ा है।)

अशोक : **(सागरमते से)** हम केवल यह जानना चाहते हैं कि अशोकाराम में यह झगड़ा क्या बौद्ध भिक्खुओं के आपसी विवाद से प्रारम्भ हुआ?

राधागुप्त : **(प्रवेश कराते हुए)** मैं उसी के बारे में समाचार लेकर आया हूँ।

अशोक : क्या समाचार है?

राधागुप्त : महाराज अब यह विवाद बौद्ध श्रमणों के बीच नहीं है। यह विवाद बौद्धों और निर्ग्रन्थों के बीच है। उनमें मारपीट की सूचना है। वे विहार के उद्यान में बैठे हैं। दोनों विरोधी दल एक-दूसरे पर आक्षेप कर रहे हैं। दोनों ही अपने भोजन के पात्र बजाकर न्याय माँग रहे हैं। माँग कर रहे हैं राजा प्रियदर्शी स्वयं वहाँ आकर न्याय करें।

अशोक : हमें वहाँ जाना चाहिए?

राधागुप्त : नहीं महाराज। आपको वहाँ नहीं जाना चाहिए।

अशोक : क्यों नहीं?

राधागुप्त : श्रमण बहुत उत्तेजित हैं। क्रोधित हैं। वह कभी भी हिंसा पर उतारू हो सकते हैं।

अशोक : हमारे पास महाराज चन्द्रगुप्त की खड्ग है। बौद्ध धम्म और संघ की शरण में जाने के बाद भी हमने इसका

त्याग नहीं किया है। सब समस्याओं का समाधान है यह। **(तलवार म्यान से निकालता है)**

राधागुप्त : यह भिक्खुओं के बीच का आपसी मामला है। आपको वहाँ नहीं जाना चाहिए।

अशोक : हम अशोकाराम विहार और कुक्कुटाराम विहार के शासक हैं। हम बौद्ध संघ के चयनित संघ-प्रधान हैं।

राधागुप्त : आप क्यों हैं संघ-प्रधान?

अशोक : क्या मन्तव्य है तुम्हारा?

राधागुप्त : आपको संघ-प्रधान नहीं होना चाहिए।

अशोक : महामन्त्री! तो तुम हमें नीति की शिक्षा दे रहे हो?

राधागुप्त : राजा को साम्प्रदायिक विवादों से दूर रहना चाहिए। वह पूर्ण प्रजा का, सब धर्मों के मानने वाले लोगों का राजा होता है। उसे किसी एक सम्प्रदाय से अपनी गाँठ नहीं जोड़नी चाहिए।

अशोक : महामन्त्री, तुम किस अधिकार से हमें नीति की शिक्षा दे रहे हो?

राधागुप्त : उसी अधिकार से, जिस अधिकार से मेरे पितामह आचार्य चाणक्य, आपके पितामह महाराज चन्द्रगुप्त को नीति की शिक्षा देते थे।

(सैनिक की सहायता से लड़खड़ाता घायल तिस्स का प्रवेश। उसकी बायीं बाँह में जख्म है, जिसे वह दायें हाथ से कपड़े से दबाये है। उसके द्वारा पहना बौद्ध भिक्खु का चीवर रक्त से लथपथ है। वह अशोक के सामने गिर पड़ता है।)

अशोक : क्या हुआ तिस्स?

(राधागुप्त और सागरमते तिस्स को सहारा देकर बैठाते हैं।)

राधागुप्त : पानी लाओ।

अशोक : वैद्य को बुलवाओ।

(सैनिक नेपथ्य में जाता है।)

तिस्स : मैंने श्रमणों को बहुत शान्त करने का प्रयत्न किया। वह नहीं माने। वह राजभवन का घेराव करने चल दिये

हैं। मैंने रोका तो किसी निर्ग्रन्थ ने मुझ पर आक्रमण कर दिया।

अशोक : **(चीखकर)** वैद्य कहाँ है। बुलवाओ उसको।

राधागुप्त : राजवैद्य को बुलाने सैनिक जा चुका है। अश्वारोही को भेजा है।

तिस्स : **(दुर्बल स्वर में)** मैं रथ से यहाँ आ गया। राजभवन का घिराव करने श्रमण चल पड़े हैं। वह कभी भी यहाँ आ सकते हैं। दोनों ही दल नारे लगा रहे हैं–'अन्यायी राजा न्याय दो।'

(अचानक नेपथ्य से नारों की आवाज आती है–'अन्यायी राजा न्याय दो। अन्यायी राजा न्याय दो।')

अशोक : **(म्यान से तलवार निकालकर)** अन्यायी राजा को अब इनको न्याय देना ही पड़ेगा। सेनापति को बुलाओ।

(अन्तराल-अन्धकार)

दृश्य-16

पात्र : *सागरमते, तिष्यरक्षिता।*

स्थान : *राजभवन के अन्तःपुर का कक्ष।*

(सागरमते बैठा है। तिष्यरक्षिता प्रवेश कर के भिक्षु को हाथ जोड़ती है। सागरमते आशीष में हाथ उठाता है।)

तिष्यरक्षिता : तो महाराज पर पूरी तरह बौद्धधर्म का रंग चढ़ाने के लिए स्थविर की अगली चाल है बौद्ध समवाय?

सागरमते : इसमें देशभर के बौद्ध विहारों के दस हज़ार प्रतिनिधि आयेंगे। देश के ही नहीं विदेशों से भी आयेंगे। इस समवाय में सर्वाधिक महत्वपूर्ण एक नाम होगा– भिक्खुणी देवी।

तिष्यरक्षिता : महाराज की रखैल! उसको क्यों बुलाया?

सागरमते : जैसे आप जानती हैं, कि मेरे प्राण किस मैना में हैं, वैसे ही महास्थविर भी जानते हैं कि महाराज अशोक के प्राण जिस मैना के शरीर में हैं, उसका नाम है–देवी।

तिष्यरक्षिता : भिक्खु सागरमते, अपनी सागर समान विशाल मति में से कोई कुटिल चाल निकालिए। मैं चाहती हूँ कि महाराज अशोक के प्राण जिस मैना में हैं, वह साची में ही सुरक्षित रहे, जैसे आपके प्राण जिस मैना में हैं, वह मेरे संरक्षण में सुरक्षित है।

सागरमते : महारानी! आप निश्चिन्त रहें। चाहे मुझे कुछ भी करना पड़े, भिक्खुणी देवी पाटलिपुत्र नहीं आयेंगी। अब मुझे आज्ञा दी जाये।

तिष्यरक्षिता : **(सन्तुष्ट मुस्कान के साथ)** भन्ते नमन।

तिष्यरक्षिता और भिक्खु समुद्र

(सागरमते आशीष में हाथ उठाकर जाने के लिए बढ़ता है।)

तिष्यरक्षिता : **(पुकारते हुए)** भन्ते! **(जाते जाते भिक्खु सागरमते रुक जाता है।)** भिक्खु महिन्द तो आ रहा है?

सागरमते : जी हाँ महारानी।

तिष्यरक्षिता : महाराज को उससे बड़ा मोह है। प्रायः वह महिन्द की बात करते हैं। कल्पना करते हैं—वह बड़ा होकर अब कैसा लगता होगा?

सागरमते : मैं क्या कर सकता हूँ इसमें?

तिष्यरक्षिता : बहुत कुछ कर सकते हैं। आपको देखना होगा कि पिता-पुत्र का प्रेम सीमा में ही रहे। कहीं महाराज का बड़ा बेटा मगध के सिंहासन का दावेदार न बन जाये। वह भिक्खु है और भिक्खु ही बना रहे।

सागरमते : ऐसा ही होगा महारानी। **(आशीष में हाथ उठाता है)**

(अन्तराल-अन्धकार)

दृश्य-17

पात्र : *अशोक, उपगुप्त, महिन्द, सैनिक, नन्दिता।*

स्थान : *राजभवन का एक कक्ष।*

(अशोक और उपगुप्त आपस में वार्तालाप कर रहे हैं।)

अशोक : हम चाहते हैं कि बौद्ध समवाय अद्वितीय हो। जैसा न पहले हुआ हो, और न भविष्य में हो सके।

उपगुप्त : लगभग दस हजार भिक्खु पूरे देश से आयेंगे। विदेशों से भी भिक्खु आयेंगे।

अशोक : व्यवस्था में कोई कमी नहीं होनी चाहिए। आपको धन की चिन्ता नहीं होगी। मगध राजकोष की सम्पूर्ण सम्पत्ति अभिधर्म की सेवा के लिए है।

उपगुप्त : महासम्मेलन के पश्चात जो भिक्खु अभिधर्म के प्रचार के लिए देश-विदेश जायेंगे, उनके नाम भिक्खुओं की समिति ने निश्चित कर दिये हैं।

अशोक : भिक्खु महिन्द को कहाँ भेज रहे हैं?

उपगुप्त : **(सूची देखकर)** यवन देश। अन्तियोकस के राज में।

अशोक : यवन देश तो किसी अनुभवी भिक्खु को भेजा जाना चाहिए था।

उपगुप्त : **(दबी ज़बान से)** समिति के निर्णय को परिवर्तित करने का अधिकार तो मेरे पास नहीं है।

अशोक : तो यह अधिकार हमारे पास है। हम इस सूची को परिवर्तित करते हैं। भिक्खु महिन्द श्रीलंका अभिधर्म का प्रचार करने जायेंगे। किसी भी अन्य भिक्खु को यवन देश भेज दीजिए।

भिक्खु उपगुप्त, दासी नन्दिता, अशोक और भिक्खु महिन्द

उपगुप्त : राजा की आज्ञा का पालन होगा।

अशोक : साँची विहार से कोई समाचार प्राप्त हुआ? भिक्खुणी देवी आ रही हैं?

उपगुप्त : नहीं, वह नहीं आ सकीं।

अशोक : **(आतुरता से)** नहीं आ सकीं? क्यों नहीं आ सकीं? उनको तो आना था?

उपगुप्त : हाँ, आना तो था। क्यों नहीं आयी, यह सूचना मेरे पास नहीं है।

अशोक : **(झुँझलाकर)** नहीं है, तो प्राप्त कीजिए सूचना। भिक्खुणी देवी स्वस्थ तो हैं न। न हो तो पाटलिपुत्र से वैद्य भेजिए।

उपगुप्त : आप चिन्ता न करें राजन्। आपकी आज्ञा का पालन होगा।

अशोक : और भिक्खु महिन्द?

उपगुप्त : वह आ गये हैं।

अशोक : कहाँ हैं वह इस समय? हम उनसे मिलना चाहेंगे।

उपगुप्त : वह आ गये हैं। वह आपसे मिलने इस समय बाहर बैठे हैं।

अशोक : **(एकदम उठा खड़ा होता है।)** कहाँ है वह?

उपगुप्त : मैं उनको बुलवाता हूँ। **(सैनिक से)** बाहर से भिक्खु महिन्द और भिक्खु सागरमते को सादर लेकर आओ।

(सैनिक राजा को दण्डवत करके बाहर जाता है।)

अशोक : बाहर क्यों बैठा दिया?

उपगुप्त : मैंने सोचा कि पहले महासम्मेलन के संयोजन पर आपसे परामर्श कर लूँ, फिर भिक्खु महिन्द को आपसे मिलवाऊँ। **(महिन्द और सागरमते का प्रवेश)** लीजिए, आ गये भिक्खु महिन्द।

(चावल की डलिया लिए नन्दिता का प्रवेश)

भिक्खु महिन्द : आप पर तथागत की कृपा हो राजन्।

(अशोक मुग्ध दृष्टि से महिन्द को देखता है।)

भिक्खु महिन्द : राजन्, मैं भिक्षा के लिए आया हूँ आपके द्वार पर।

अशोक : कितना बड़ा हो गया है। कितना सुन्दर, कितना सजीला। हम तो पहचान ही नहीं पाते।

महिन्द : भिक्षाम् देहि राजन्।

अशोक : कितने वर्ष बीत गये! पन्द्रह वर्ष बाद देख रहा हूँ तुम्हें। **(दोनों हाथ बढ़ाकर)** आओ, हमारे हृदय से लग जाओ।

(महिन्द अपने स्थान पर खड़ा रहता है, तो अशोक दोनों हाथ फैलाए हुए उसकी तरफ बढ़ता है।)

सागरमते : महाराज, भिक्खु महिन्द अब आपके पुत्र नहीं हैं। वह संघ की शरण में हैं। उनका पुनर्जन्म हुआ है।

अशोक : **(ठिठककर)** तो?

सागरमते : आप उनको हृदय से नहीं लगा सकते।

अशोक : क्यों नहीं?

सागरमते : यह अनुचित है।

अशोक : **(साधिकार)** वह हमारा पुत्र है।

सागरमते : वह आपका पुत्र नहीं है।

अशोक : **(चिढ़कर)** कैसे नहीं है? वह हमारा पुत्र है। इसकी माँ साक्षी है।

सागरमते : वह आपका पुत्र था,—किन्तु अब नहीं है।

अशोक : महिन्द हमारा पुत्र है, और सदा रहेगा।

सागरमते : अब वह भिक्खु है।

अशोक : **(क्रोध से)** तो क्या? वह रहेगा तो हमारा ही पुत्र।

सागरमते : अब वह धर्म का पुत्र है। धर्म ही भिक्खु महिन्द का पिता है।

(अशोक निरुत्तर हो जाता है)

उपगुप्त : भिक्खु महिन्द, भिक्खु बनने के पश्चात पहली बार भिक्षाटन के लिए निकले हैं।

अशोक : तो? हमें क्या करना चाहिए?

उपगुप्त : यह भिक्खु महिन्द की प्रथम भिक्षा है। आप उनकी झोली में पाँच मुट्ठी चावल डाल दीजिए। कहाँ है चावल?

अशोक : नन्दिता।

(नन्दिता चावल की डलिया लेकर अशोक के निकट आती है।)

महिन्द : भिक्षाम् देहि राजन्!

अशोक : **(डलिया से मुट्ठी भर चावल निकालकर)** भिक्खु महिन्द, आपका पाटलिपुत्र में स्वागत है।

(महिन्द अपनी झोली बढ़ाता है। अशोक महिन्द की झोली में पाँच मुट्ठी चावल डालता है, और रो पड़ता है।)

अशोक : **(रुँधे गले से)** भिक्खु महिन्द, आपको प्रथम भिक्षा देकर हम अपने आपको सौभाग्यशाली समझते हैं।

सागरमते : महाराज, अब भिक्खु को दण्डवत करके नमस्कार कीजिए।

(घुटनों के बल बैठकर महिन्द को नमस्कार करता है, और रोता है।)

महिन्द : राजन्, आप पर तथागत की कृपा हो।

(अशोक वैसे ही सर झुकाये घुटनों के बल आँख बन्द किये बैठा रोता रहता है। थोड़ी देर सब उसको देखते हैं, फिर उपगुप्त जाने का इशारा करता है। महिन्द, सागरमते, उपगुप्त तथा नन्दिता चले जाते हैं। केवल घुटनों पर बैठा, गर्दन झुकाये, पराजित सा अशोक बैठा रोता रहता है। करुण संगीत)

(अन्तराल-अन्धकार)

दृश्य-18

पात्र : *नन्दिता, तिष्यरक्षिता, सैनिक-1, सैनिक-2, अशोक, सागरमते।*

स्थान : *राजभवन का अन्तःपुर।*

(दौड़ती हुई नन्दिता वहाँ प्रवेश करती है।)

नन्दिता : महारानी! महारानी! वह आये हैं।

तिष्यरक्षिता : **(प्रवेश करके)** कौन?

नन्दिता : सैनिक! वह अन्तःपुर में बिना आज्ञा घुस आये हैं।

तिष्यरक्षिता : सैनिक? बिना आज्ञा? कैसे साहस किया उन लोगों ने?

(दो सैनिकों का खुली तलवार लिए प्रवेश)

तिष्यरक्षिता : निकलो यहाँ से। जाओ। कैसे घुस आये अन्तःपुर में बिना आज्ञा?

सैनिक-1 : आज्ञा है, महारानी।

तिष्यरक्षिता : किसकी?

सैनिक-1 : महामन्त्री की।

तिष्यरक्षिता : महामन्त्री की? यह झूठ है।

सैनिक-2 : हमारे पास आज्ञापत्र है। **(आज्ञापत्र दिखाता है।)** इस पर महामन्त्री की मुद्रिका चिन्हित है।

तिष्यरक्षिता : **(सोचते हुए)** महामन्त्री की आज्ञा। महामन्त्री कैसे यह आज्ञा दे सकते हैं? **(सैनिकों से)** होने दो महामन्त्री की आज्ञा। अब यह महारानी का आदेश है। मगध की महारानी का आदेश। निकलो यहाँ से।

सैनिक-2 : आपकी आज्ञा का पालन होगा महारानी। हम अभी निकल जायेंगे, बस वह काम कर लें, जिसके लिए यहाँ

आये हैं।

तिष्यरक्षिता : कौन सा काम? यहाँ क्यों आये हो?

सैनिक-2 : नन्दिता को बन्दी बनाने।

नन्दिता : **(एकदम चीख़ उठती है)** नहीं! नहीं! **(दौड़कर महारानी के पीछे छिपती हुए)** महारानी, मुझे बचा लीजिए। मैंने कुछ नहीं किया। कोई अपराध नहीं किया। बचा लीजिए।

सैनिक-1 : **(सैनिक-2 से)** उसे बन्दी बना लो।

(एक सैनिक नन्दिता की तरफ बढ़ता है, तो वह बचने के लिए भागती है। भागते हुए वह दूसरे सैनिक की पकड़ में आ जाती है।)

महारानी : छोड़ दो उसे। मैं आज्ञा देती हूँ। छोड़ दो उसे।

नन्दिता : **(करुण क्रन्दन में)** मैंने कुछ नहीं किया। मैं निर्दोष हूँ।

(सैनिक नन्दिता के दोनों हाथ उसकी पीठ के पीछे बाँध देते हैं।)

सैनिक-1 : ले चलो इसे **(सैनिक नन्दिता को ठेलते हुए चीखती, चिल्लाती, रोती नन्दिता को ले चलते हैं।)**

नन्दिता : **(रोते हुए)** महारानी! बचा लीजिए मुझे। बचा लीजिए।

तिष्यरक्षिता : छोड़ दो उसे। छोड़ दो। मेरी अवज्ञा का तुमको दण्ड मिलेगा। एक एक को दण्ड मिलेगा। मैं किसी को नहीं छोड़ूँगी। किसी को क्षमा नहीं करूँगी। तुम सबको हिसाब देना होगा।

(सैनिक नन्दिता को बन्दी बना कर ले जाते हैं। तिष्यरक्षिता क्रोध में फुँफकारती, मुट्ठियाँ तानती मंच पर एक तरफ़ से दूसरी तरफ़ चक्कर लगाती है।)

तिष्यरक्षिता : **(क्रोध में)** मैं महाराज से कहूँगी। एक-एक को दंड मिलेगा। मिलेगा....। मैं महाराज से कहूँगी...।

(अशोक का प्रवेश)

अशोक : क्या हुआ प्रिये? क्या हुआ?

तिष्यरक्षिता : महाराज!! **(आवेश में)** यह क्या हो रहा है?

अशोक और तिष्यरक्षिता

अशोक : **(आँख खोलकर)** तिष्यरक्षिता! क्या हुआ! इतने आवेश में क्यों हो?

तिष्यरक्षिता : मैं जानना चाहती हूँ कि महामन्त्री का इतना साहस कैसे हुआ?

अशोक : कैसा साहस! महामन्त्री ने क्या किया?

तिष्यरक्षिता : महामन्त्री ने अन्तःपुर में सैनिक भेजे? वे बिना मेरी आज्ञा के अन्तःपुर में घुस आये।

अशोक : ओह! उन्होंने तुम्हारी आज्ञा नहीं ली? ऐसा तो नहीं होना चाहिए। हम महामन्त्री से पूछेंगे।

तिष्यरक्षिता : वे सैनिक मेरी दासी नन्दिता को बन्दी बनाकर ले गये। मैं जानना चाहती हूँ क्यों? क्यों उन्होंने मेरी दासी को बन्दी बनाया? आप नन्दिता की मुक्ति के आदेश दें।

अशोक : हम कैसे आदेश दे सकते हैं? सम्भव है कि नन्दिता पर कोई गम्भीर आरोप हो। राजद्रोह का अपराध। बिना महामन्त्री का पक्ष जाने नन्दिता को मुक्त करना न्यायोचित नहीं होगा।

तिष्यरक्षिता : ओह! अब मैं क्या करूँ। मैं आपसे अनुरोध करती हूँ। मैं आपके हाथ जोड़ती हूँ, उसे बन्धन से मुक्त करने का आदेश दें।

अशोक : हम विचार करेंगे।

तिष्यरक्षिता : अब सोचिए विचारिए नहीं। मगध की रानी, आपकी प्रिया तिष्यरक्षिता आपसे करबद्ध प्रार्थना करती है-- नन्दिता को मुक्त कर दें। वह अकारण ही कारागार में है।

अशोक : अकारण तो नहीं है वह—कारागार में।

तिष्यरक्षिता : तो आप जानते हैं क्यों वह कारागार में है। आप जानते हैं क्यों महामन्त्री ने उसे बन्दी बनवाया?

अशोक : हाँ, कुछ थोड़ा थोड़ा। कुछ दिन पूर्व महामन्त्री ने बताया था कि नन्दिता दासी के जीवन को संकट है। कोई उसकी हत्या करना चाहता है।

तिष्यरक्षिता : उसके जीवन को संकट है? तो उसकी सुरक्षा की

व्यवस्था महामन्त्री को करनी चाहिए थी।

अशोक : कारागार में नन्दिता को केवल इसलिए रखा गया है, जिससे उसके जीवन की रक्षा की जा सके।

तिष्यरक्षिता : आप कहना चाहते हैं कि अन्तःपुर में उसके जीवन को संकट है! किससे? मुझसे?

अशोक : महामन्त्री ने बताया था कि नन्दिता में किसी के प्राण रहते हैं। उसकी हत्या करने के लिए कोई नन्दिता की गर्दन ऐंठना चाहता है।

तिष्यरक्षिता : **(लड़खड़ाकर बैठ जाती है।)** ओह! तो आप सब जानते हैं। **(वह गर्दन झुकाये बैठी रहती है।)**

अशोक : नन्दिता को बन्दी बनाने सैनिक अन्तःपुर गये थे– महामन्त्री को इसके बारे में कुछ भी पता नहीं।

तिष्यरक्षिता : फिर सैनिकों को किसने भेजा?

अशोक : हमने भेजा।

तिष्यरक्षिता : सैनिकों ने झूठ क्यों बोला? क्यों कहा कि महामन्त्री ने...।

अशोक : अगर तुमको पता लग जाता कि नन्दिता को हमारे आदेश से बन्दी बनाया गया है, तो तुम इसकी शिकायत लेकर हमारे पास नहीं आतीं। तुम अदृश्य हो जातीं। भाग जातीं।

तिष्यरक्षिता : कहाँ?

अशोक : अपने देश। कलिंग के किसी गाँव में छिप जातीं। हम लोग तुमको ढूँढ़ नहीं पाते।

(तिष्यरक्षिता उत्तर नहीं देती। अशोक को देखती रहती है।)

अशोक : क्या हमने गलत कहा, कलिंग कन्या?

तिष्यरक्षिता : (बराबरी से) नहीं, आपने ठीक कहा मगध नरेश।

अशोक : वैद्य चक्रपाणि की तुम पुत्री नहीं, भांजी हो। कलिंग में सहस्रों लाखों कलिंगवासी कालकवलित हुए। उनमें तुम्हारे माता-पिता भी थे।

तिष्यरक्षिता : **(खड़े होकर आत्मविश्वास के साथ)** और क्या जाना आपने?

अशोक : उनके एक दस महीने की पुत्री थी। उसे पड़ोसियों ने

सम्हाला। फिर उस पुत्री के मामा को सूचित किया। वह पाटलिपुत्र में रहते थे। मामा आकर उस बच्ची को पाटलिपुत्र ले गये। वह अपने नाना के यहाँ काशी में बड़ी हुई। सब समझते हैं वह उनकी ही पुत्री है। उसके मामा का नाम नहीं जानना चाहोगी?

तिष्यरक्षिता : मैं जानती हूँ। वैद्य चक्रपाणि।

अशोक : और उनकी भांजी?

तिष्यरक्षिता : तिष्यरक्षिता।

अशोक : **(क्रोध में, ऊँचे स्वर में)** तिष्यरक्षिता नहीं। महारानी तिष्यरक्षिता। मगध की महारानी तिष्यरक्षिता। क्यों वह मगध के राजभवन में आयी? कौन सा षड्यंत्र लेकर वह कलिंग कन्या मगध की महारानी बनी?

(तिष्यरक्षिता उत्तर नहीं देती)

अशोक : तिष्यरक्षिता, हम तुम्हारी भेंट तुम्हारे एक पुराने मित्र से करवाना चाहते हैं। मिलोगी उससे?

(तिष्यरक्षिता उत्तर नहीं देती)

अशोक : बुलाता हूँ उसको। **(नेपथ्य के निकट जाकर ताली बजाता है।)**

(थोड़ी देर बाद सागरमते का प्रवेश)

अशोक : भिक्खु सागरमते को तो आप जानती ही हैं मगध की महारानी तिष्यरक्षिता। यह आपके लिए एक विशेष भेंट लेकर आये हैं। भिक्खु, महारानी को भेंट करने के लिए आप क्या लाये हैं?

सागरमते : यह केशकाँटा।

अशोक : आपको यह केशकाँटा कहाँ मिला, भिक्खु सागरमते?

सागरमते : बोधिवृक्ष में। बोधिवृक्ष के तने में धँसा हुआ।

अशोक : महारानी का केशकाँटा! बोधिवृक्ष में धँसा हुआ? क्या विशेषता है इस केशकाँटे में?

सागर : यह विषलेपित है।

अशोक : किसी ने आपके केशकाँटे को विषलेपित करके बोधिवृक्ष के तने में धँसा दिया और बोधिवृक्ष सूख गया।

(तिष्यरक्षिता चुप रहती है।)

अशोक : किसने यह विषलेपित काँटा बोधिवृक्ष में लगाया?

तिष्यरक्षिता : मैंने।

अशोक : **(क्रोध के विस्फोट से)** क्यों? क्यों बोधिवृक्ष आहत किया? उत्तर दो।

तिष्यरक्षिता : क्योंकि मैं चाहती थी...।

अशोक : क्यों चाहती थीं?

तिष्यरक्षिता : मेरे माता-पिता की तो एक ही मृत्यु हुई। मैं आपको सौ सौ बार मारना चाहती थी।

अशोक : तुमने वह अपराध किया है, जो कभी क्षमा नहीं किया जा सकता। और क्यों करवा दिया कुणाल को अन्धा?

तिष्यरक्षिता : मैं तो उसकी हत्या चाहती थी? राजाधिकारियों ने मेरे साथ धोखा किया। उसे केवल अन्धा करके जंगल में छोड़ दिया।

अशोक : क्यों चाहती थी कुणाल की हत्या? क्या अपराध था उसका?

तिष्यरक्षिता : उसका निर्दोष सौन्दर्य! उसके लावण्य का चुम्बक!

अशोक : एक पति के होते हुए भी?

तिष्यरक्षिता : कैसा पति! गत यौवन, खंडित यौवन– पति!! वृद्ध पति!!

अशोक : दुष्टे, तू जीवित रहने का अधिकार खो चुकी है। भिक्खु सैनिकों को बुलाइये। **(सागरमते जाता है।)** हम सोच रहे हैं कौन सा दण्ड तुझे दिया जाये। तेरे शरीर को कुत्ते नोच नोच कर खायें या तुझे सूली पर बैठा कर मार दिया जाये? या आरी से तेरे शरीर को दो भागों में बराबर चीर दिया जाये? या नगर चौराहे पर तुझे फाँसी पर लटका दिया जाये?

तिष्यरक्षिता : **(व्यंग्य से)** महाराज आप तो बुद्ध और संघ की शरण में जा चुके हैं। आपने शिलालेखों पर पशु हत्या तक का निषेध किया है। आप तो अहिंसाव्रती हैं, फिर ऐसे हिंसक विचार!

अशोक : यह जो तेरा मुख है, उससे जब मर्मान्तक पीड़ा का

क्रन्दन निकलेगा, आग की जलती लपटें तुझको जलाएँगी तब...

तिष्यरक्षिता : मुझे मृत्यु का भय नहीं है अशोक। चाहे कितनी बार तुम बुद्ध की शरण में जाओ, तुम्हारे अन्दर का राक्षस जीवित है; जिसने अपने अग्रज सुसीम की हत्या की, जिसने मेरे माता-पिता की हत्या की, कलिंग की हत्या की... वह अब मगध साम्राज्य की हत्या कर रहा है... **(दो सैनिकों के साथ सागरमते का प्रवेश)**

अशोक : बन्दी बना लो इस स्त्री को **(सैनिक तिष्यरक्षिता के दोनों हाथ कमर के पीछे बाँध देते हैं।)**

(न्यायाधीश के स्वर में) कल प्रातःकाल सूर्य की पहली किरण के साथ इस स्त्री को चिता पर जीवित जला दिया जाये। यह हमारी आज्ञा है। **(क्रोध से)** ले जाओ इसे।

तिष्यरक्षिता : कल प्रातःकाल मेरी मृत्यु हो जायेगी। किन्तु अशोक, तुम अपनी एक मृत्यु के पूर्व सौ-सौ बार मरोगे। यह मेरी प्रतिहिंसा है।

अशोक : **(घृणा से)** ले जाओ इसे।

(अन्तराल-अन्धकार)

दृश्य-19

पात्र : *अशोक, नन्दिता, राधागुप्त, दो सैनिक।*

स्थान : *राजभवन में राजा का व्यक्तिगत कक्ष।*

(एक मेज पर राजा की कंठमालाएं, बाजूबन्द, उत्तरीय, दर्पण आदि रखे हैं। अशोक राजदरबार में जाने के लिए अपने को सज्जित कर रहा है। दासी नन्दिता उसके बाँहों में बाजूवद बाँधती है।)

अशोक : कंठमालाएँ। **(नन्दिता मालाएँ देती है।)**
(नन्दिता उत्तरीय देती है। उसे अशोक कन्धे पर डालता है।)

अशोक : राजमुकुट।

नन्दिता : राजमुकुट नहीं है।

अशोक : नहीं है? क्यों नहीं है?

नन्दिता : अपने स्थान पर नहीं है।

अशोक : कहाँ गया?

नन्दिता : मैंने सबसे पूछा—कोई नहीं जानता। आपका खड्ग भी नहीं मिल रहा है। वह भी अपने स्थान पर नहीं रखा मिला।

अशोक : ऐसा कैसे सम्भव है? किसका साहस हो सकता है मेरी खड्ग और मुकुट को उठाने का! अन्तःपुर अधिकारी से नहीं पूछा?

नन्दिता : पूछा। किन्तु वह भी नहीं जानते कहाँ गया?

अशोक : अन्तःपुर अधिकारी को बुलाओ।

नन्दिता : **(नमन करके)** जो आज्ञा। **(द्वार पर जाती है। नेपथ्य में कहती है)** अन्तःपुर अधिकारी को बुला के लाओ।

अशोक और महामंत्री राधागुप्त

(दो सैनिक प्रवेश करते हैं)

सैनिक-1 : आज्ञा नहीं है।

नन्दिता : यह महाराज की आज्ञा है। बुला के लाओ।

सैनिक-2 : आज्ञा नहीं है।

नन्दिता : क्या? महाराज की अवज्ञा कर रहे हो? जानते हो इसका परिणाम? अन्तःपुर अधिकारी को बुलाकर लाओ।

सैनिक-2 : आज्ञा नहीं है।

अशोक : **(क्रोध के विस्फोट से)** तुम्हारा यह साहस!! राजा की आज्ञा का उल्लंघन। तुम्हें जीवित ही चिता में जला दिया जायेगा। जाओ, अन्तःपुर अधिकारी को बुलाकर लाओ।

सैनिक-2 : आज्ञा नहीं है।

अशोक : किसकी आज्ञा नहीं है?

सैनिक-2 : महामन्त्री की।

अशोक : तो महामन्त्री को बुलाकर लाओ।

सैनिक-2 : आज्ञा नहीं है।

अशोक : महामन्त्री को भी बुलाने की आज्ञा नहीं है? तो हम स्वयं महामन्त्री के पास जाकर पूछेंगे। इस आदेश का अर्थ।

(अशोक द्वार से जाने को बढ़ता है, तो दोनों सैनिक अपने भाले अड़ा कर रास्ता रोक देते हैं।)

सैनिक-1 : आज्ञा नहीं है।

अशोक : क्या हम बाहर नहीं जा सकते? क्यों?

सैनिक-1 : आज्ञा नहीं है।

अशोक : आज्ञा नहीं है, आज्ञा नहीं है– यह सुनते-सुनते कान पक गये हैं। क्या तुम्हें यह आदेश दिया गया है, कि अपने राजा की आज्ञा का उल्लंघन करो।

सैनिक-2 : अब आप राजा नहीं हैं।

अशोक : क्या बकते हो?

सैनिक-1 : आप राजपद से हटा दिये गये हैं।

अशोक : किसने हटाया?

सैनिक-2 : मन्त्रिमण्डल ने। सेनापति ने। अब देवानाम्प्रिय कुणाल

राजा हैं।

अशोक : कुणाल राजा! लेकिन वह तो बेचारा नेत्रहीन...

सैनिक-1 : इसीलिए उनके पुत्र कुमार सम्प्रति को उपराजा बनाया गया है।

अशोक : और हम?

सैनिक-2 : आप बन्दी हैं।

अशोक : हम बन्दी हैं। **(अपने ऊपर हँसते हुए)** राजा अशोक बन्दी है। **(चारों ओर देखकर)** तो यह बन्दीगृह है। **(नन्दिता से)** तुम तो बन्दी नहीं हो। तुम इस बन्दीगृह में क्या कर रही हो। **(चीखते हुए)** निकलो यहाँ से। **(नन्दिता घबराकर भागती हुई बाहर निकल जाती है। अशोक क्रोध में मुट्ठियाँ तानते हुए शेर की तरह इधर से उधर चक्कर लगाता है। महामन्त्री का प्रवेश)**

अशोक : **(व्यंग्य से)** आइए, आइए महामन्त्री राधागुप्त। पाटलिपुत्र के बन्दीगृह में आपका स्वागत है। आइए। विराजिए।

राधागुप्त : बन्धु अशोक... आप विराजिए...

अशोक : नहीं, नहीं। पहले आप विराजिए।

राधागुप्त : **(हिचकते हुए)** ठीक है। मैं बैठता हूँ। आप भी बैठिए।

अशोक : हम कैसे बैठ सकते हैं महामन्त्री के सामने। हम मगध की प्रजा के एक तुच्छ प्राणी। क्या हमारा साहस जो अपने अन्नदाता के सामने बैठने का साहस करें?

राधागुप्त : मैं आपसे कुछ बात करने आया हूँ...।

अशोक : बात तो बराबर वालों से होती है।

राधागुप्त : मैं अपना नैतिक कर्तव्य समझता हूँ स्पष्टीकरण देना।

अशोक : किस बात का स्पष्टीकरण? यही कि हमें बन्दी क्यों बनाया? हम सुनकर क्या करेंगे?

राधागुप्त : फिर भी...

अशोक : **(कहते हुए)** स्पष्टीकरण सुनकर क्या होगा। क्या आप हमें इस बन्दीगृह से मुक्त कर देंगे? क्या हमें पुनः मगध

का राजसिंहासन दे देंगे? नहीं न। फिर स्पष्टीकरण सुनकर क्या होगा?

राधागुप्त : मुझे बहुत खेद है इसके लिए। बहुत विवश होकर मुझे यह करना पड़ा।

अशोक : **(अवज्ञा से)** नहीं चाहिए हमें तुम्हारा यह राजपाट। हम स्वयं इसका त्याग करते हैं। **(गले से मोतियों के हार और हाथों से कंगन निकालकर राधागुप्त पर फेंकता है।)** ले जाओ इन्हें राधागुप्त। मुक्त करो हमें इस मायाजाल से।

(नन्दिता थाल में शराब की बोतल तथा दो प्याले लेकर आती है, और राधागुप्त को देती है। राधागुप्त थाल अपने सामने तख्त पर रखता है। राधागुप्त दोनों प्यालों में शराब डालता है। नन्दिता वहाँ बिखरी पड़ी मोती की मालाए आदि बटोर बाहर ले जाती है।)

राधागुप्त : **(शराब का प्याला उठाकर)** आओ अशोक, अपनी पुरानी मित्रता की स्मृति में एक चषक सुरा हो जाये।

(अशोक कुछ देर देखता है। फिर अचानक आकर राधागुप्त के सामने बैठ जाता है। उसके हाथ से प्याला लेकर एक घूँट में शराब पीता है। फिर प्याला बढ़ाता है। राधागुप्त उसमें शराब डालता है। अशोक उसे भी एक घूँट में पी जाता है। इस तरह कुल चार प्याले शराब के पीता है।)

अशोक : **(खड़े होकर शराब के नशे में)** राधागुप्त तुम मुझे इस बन्दीगृह में बन्द नहीं कर सकते। मैं इस बन्दीगृह से बाहर निकल चुका हूँ। मैं इतिहास में जा चुका हूँ। ऐसे क्या देख रहे हो? नहीं समझे न। मैं इतिहास में जा चुका हूँ।

(कुछ क्षण का मौन। राधागुप्त शराब का एक और प्याला अशोक की तरफ बढ़ाता है। अशोक प्याला लेकर पीता है।)

अशोक : नहीं समझे। मैं समझाता हूँ। मेरे शिलालेख गंगा से कावेरी तक देवानाम्पिय राजा पियदस्सी के नाम की

दुन्दभी बजा रहे हैं। सिन्धु तक ही नहीं, सिन्धु नदी के उस पार—गान्धार और कुभा नदी तक, और उसके भी आगे, यवनों और पारसीक देशों में भी मेरे शिलालेख घोषणा कर रहे— देवानामूपिय राजा पियदस्सी के नाम की। पत्थर पर उकेरा मेरा नाम न कभी धुँधला पड़ेगा। न मिटेगा। वर्षों बाद, सहस्रों शताब्दियों के बाद भी, शिलालेख घोषणा करेंगे मगध के राजा अशोक की। उन शिलालेखों से तुम राजा अशोक को मगध सिंहासन से नहीं उतार सकते, महामन्त्री। राजा अशोक इतिहास है। **(अति उत्साह से)** अजर है। अमर है।

(अचानक थककर बैठ जाता है।)

अशोक : **(अति करुणा से)** हम तुम्हारे मित्र थे। तुम्हीं ने अपने मित्र को राजा बनाया, फिर तुम्हीं ने उस मित्र को राजसिंहासन से हटा दिया?

राधागुप्त : न मैंने अपने मित्र को राजा बनाया, न अपने मित्र को राजपद से निष्कासित किया?

अशोक : **(शराब के नशे में)** अर्थात् मैं तुम्हारा मित्र नहीं हूँ। न कभी था।

राधागुप्त : मेरी वचनबद्धता मगध के प्रति थी, मित्र के प्रति नहीं। इसलिए मैंने मित्र को नहीं, एक ऐसे होनहार, कर्मठ दृढ़संकल्प और चतुर को राजा बनाया था, जो गान्धार के बर्बर पश्तूनों से भी लोहा ले सके।

अशोक : **(गर्व से)** वह तो हम हैं।

राधागुप्त : वह तुम थे परन्तु अब तुम वह नहीं हो। कामाशोक से चंडाशोक, और चंडाशोक से धर्माशोक बना अशोक, जब धर्म-प्रचारक बन गया, तो हम लोग चुप नहीं रह सके।

(अशोक स्वयं बोतल से प्याला भरता है।)

राधागुप्त : राजा प्रजा के पिता समान होता है। पिता के लिए सब पुत्र बराबर होते हैं।

अशोक : कहते रहो। **(प्याला मुँह से लगाता है।)**

राधागुप्त : जो राजा धर्म के आधार पर प्रजा में विभेद करे, वह

राजा होने योग्य नहीं।

अशोक : हमारे लिए तो सब प्रजा हमारी सन्तान है।

राधागुप्त : ऐसा शिलालेख में लिखा है। केवल शिलालेख में। बढ़ती आयु के साथ तुम्हारे लिए तुम्हारी प्रजा में केवल धम्म और संघ था। वैदिक, जैन, आजीवक तथा अन्य तो तुम्हें दिखाई ही नहीं पड़ते थे। इसीलिए राज्य का धन दोनों हाथों से धम्म और संघ के प्रचार में लुटाने लगे।

(अशोक बोतल से प्याला भरता है, हाथ में प्याला लिए हुए राधागुप्त को सुनता है।)

राधागुप्त : तुमने राजधन से 84000 स्तूप और विहार बनाने की घोषणा की। देश-विदेश में स्तूप और विहार बनने लगे। राजकोष रिक्त हो गया। पूरे मगधराज में सड़कें और नहरें टूटी पड़ी हैं। किसानों के खेतों में पानी नहीं पहुँचा। अकाल पड़ने लगे। भूखे किसानों ने विद्रोह किये। नगरों को लूटने लगे। और तुम इस सबसे आँख मूँद कर अनजान बने रहे। मैंने तुम्हें राजा बनाया था। किन्तु राजधर्म भूलकर तुम धर्म-पुरोहित बन गये। पुरोहित को शासन का अधिकार नहीं होता। मैं जाता हूँ। **(प्रस्थान)**

अशोक : निकल जाओ। **(शराब का प्याला जाते हुए राधागुप्त पर फेंकता है।)**

(अन्तराल-अन्धकार)

दृश्य-20

पात्र : *नन्दिता, तिस्स, अशोक, कात्यायन।*

स्थान : *राजभवन में अशोक का निवास कक्ष।*

(दो तख़्त। एक अशोक के बैठने के लिए, दूसरा अतिथियों के लिए। अशोक के तख़्त पर रखी तश्तरी में एक फल रखा है अन्य तश्तरी में जल-पात्र तथा एक गिलास (चषक) रखा है।)

(नन्दिता के पीछे-पीछे भिक्खु तिस्स का प्रवेश)

नन्दिता : **(प्रवेश करते हुए)** आइए भन्ते, अन्दर आ जाइए।

तिस्स : **(प्रवेश करके इधर-उधर देखता है)** बन्धु महाराज?

नन्दिता : यहीं कहीं होंगे। कारणवश कहीं चले गये हैं। आते ही होंगे। आप विराजिए।

(तिस्स राजसी आसन के पास रखे आसन पर बैठता है।)

तिस्स : बन्धु महाराज को यहाँ कोई कष्ट तो नहीं?

नन्दिता : कष्ट कैसे होगा? उनकी सुविधा के लिए हर सम्भव साधन हैं यहाँ। हम सब दास-दासियाँ हर घड़ी उनकी सेवा में रहते हैं।

तिस्स : तो वह सुखी हैं?

नन्दिता : कोई बन्दीगृह में जितना सुखी हो सकता है, उतने सुखी हैं महाराज।

तिस्स : क्या करते हैं वह? कैसे कटते हैं उनके दिन रात? क्या कभी तुम लोगों से बात करते हैं? अपने हृदय के भार को हल्का करते हैं।

नन्दिता : वह प्रायः चुप रहते हैं। चिन्ता में कभी-कभी वह पूरे भवन में एक कक्ष से दूसरे कक्ष में व्यग्र से घूमते हैं।

मँडराते हैं। जैसे शेर कठघरे में घूमता है—कुछ वैसे ही। कभी-कभी बात करते हैं।

तिस्स : किससे?

नन्दिता : अपने आपसे। कभी-कभी लगता है कि कक्ष में कोई है जिससे वे बातें कर रहे हैं।

तिस्स : किससे बातें कर सकते हैं? क्या कोई यहाँ आ सकता है?

नन्दिता : हम लोगों को भी यही जिज्ञासा हुई। यहाँ कोई बाहरी व्यक्ति कैसे आ सकता है। इतने कठोर पहरे में? इसलिए हम लोगों ने छिपकर देखा। वहाँ कोई नहीं था। महाराज शून्य से बातें करते हैं। कभी-कभी बात करते-करते उत्तेजित हो जाते हैं। ऊँचे स्वर में गरजने लगते हैं। पहले के समान ही। राजा की तरह।

तिस्स : **(सहानुभूति से)** वह अकेले रहते हैं। एकदम एकाकी। **(स्वर बदलकर)** कहाँ गये होंगे? **(खड़े होकर इधर-उधर देखता है।)**

नन्दिता : आप विराजिए। वह आते ही होंगे। मैं देखती हूँ। **(जाने को उद्यत होती है। अशोक का प्रवेश। वह सिर से शॉल ओढ़े हैं।)**

अशोक : **(आत्मीयता से)** भन्ते तिस्स आये हैं! **(तिस्स उठ खड़ा होता है।)**

नन्दिता : महाराज आ गये। मुझे आज्ञा दीजिए भन्ते। **(नमन करके जाती है।)**

अशोक : **(बैठते हुए तिस्स से बैठिए)** भन्ते, सुना है अब आप कुक्कुटाराम विहार के महास्थविर हैं। बहुत समय बाद आये।

तिस्स : जब आज्ञा मिली, तब आया। आप कहाँ चले गय थे—अचानक?

अशोक : **(तिस्स को चौंकाने के प्रयत्न में)** बाढ़ आयी है! आपको नहीं मालूम। राजभवन के इस कक्ष में भयानक बाढ़ आयी है।

तिस्स : **(इधर-उधर देखकर)** बाढ़? मुझे तो नहीं दिखाई पड़ी बन्धु महाराज। बाढ़ कहाँ है?

अशोक : **(तख्त के पास पड़े पानी को दिखाते हुए)** यह देखो, यहाँ चषक से पानी गिर गया था। उस पानी में यह चींटी फँस गयी। चषक से गिरा जल तो चींटी के लिए बाढ़ ही है न।

तिस्स : सत्य है बन्धु महाराज।

अशोक : कब से यह चींटी इससे निकलने के लिए हाथ-पैर मार रही है। हमने सोचा—क़दाचित हम इसे बचा सकें। इसे पानी से निकालने के लिए हम उद्यान में एक सींक ढूँढ़ने गये थे।

तिस्स : मिल गयी सींक?

अशोक : हाँ मिल गयी। **(पानी के पास झुककर देखते हुए)** देखो तिस्स, देखो। चींटी को सामने खड़ी उसकी मृत्यु दिखाई पड़ रही होगी। भय से उसकी साँस फूल रही होगी। हृदय भय से धड़क रहा होगा।

तिस्स : हर प्राणी में जीवित रहने की इच्छा होती है —जिजीविषा।

अशोक : हाँ, ये भी जीवित रहना चाहती है। शायद हम इसे बचा सकें।

(अशोक घुटनों के बल धरती पर बैठकर सींक को पानी में रखता है।)

अशोक : आ जा। आ जा। हे चींटी! यह सींक हमने इसलिए तुम्हारे सामने रखी है, जिससे तुम इस पर चढ़कर पानी में डूबने से बच सको। आ जाओ, आ जाओ चींटी।

तिस्स : चींटी की समझ में नहीं आ रहा कि यह सींक उसकी प्राण रक्षा के लिए है।

अशोक : कलिंग के युद्ध में सहस्रों के प्राण हमने ले लिए, आज इस एक चींटी के प्राण नहीं बचा पा रहे हैं। आ जाओ, आ जाओ चींटी। यह सींक तुम्हारी रक्षा के लिए है।

तिस्स : **(उत्साह से)** बन्धु महाराज, चींटी सींक पर चढ़ गयी।

(प्रसन्नमुख अशोक सींक को धरती से उठाकर देखता है।)

अशोक : **(खड़े होकर, चींटी को देखते हुए)** हे चींटी, तुम जल निमग्न थीं। हमने तुमको जल-समाधि से बचा लिया।

अब तुम्हारा शेष जीवन तुम्हारा है। जिस तरह चाहो जियो। **(सींक एक तरफ फेंक देता है।)**

तिस्स : आपने पुण्य किया, उसके जीवन की रक्षा करके।

अशोक : मर कर वह चींटी के असहाय जीवन से मुक्ति पा जाती।

तिस्स : किन्तु चींटी तो अपने जीवन से प्रसन्न है। वह तो नहीं चाहती चींटी जीवन से मुक्त होना।

अशोक : चींटी अल्पज्ञानी है। वह इस असहाय जीवन को ही सब कुछ समझकर जीवन से चिपके रहना चाहती है। हम सब भी तो जीवन से अन्तिम क्षण तक चिपके रहते हैं।

(तिस्स उत्तर नहीं देता)

अशोक : हम थक गये हैं। क्लान्त श्रान्त—अब हम विश्राम चाहते हैं। **(बैठकर, ऊपर देखते हुए)** कब मिलेगी हमें शान्ति?

(नन्दिता का प्रवेश)

नन्दिता : **(महाराज को नमन करती है)** महाराज की जय। भिक्खु कात्यायन मैसूर से आये हैं।

अशोक : भिक्खु कात्यायन! क्या उनको ज्ञात नहीं है?

नन्दिता : उनको सब कुछ ज्ञात है। वह महामन्त्री की आज्ञा लेकर आपसे मिलने आए हैं।

अशोक : फिर वह क्या चाहते हैं—

नन्दिता : उन्होंने कहा है कि आपको केवल उनका नाम बता दिया जाये...और

अशोक : और?

नन्दिता : आपको आपका वचन स्मरण आ जायेगा।

अशोक : वचन! हाँ, स्मरण आया। मैसूर के एक भिक्खु को हमने वचन दिया था कि वह जब भी पाटलिपुत्र आयेगा, तो हम उसको एक बार अपने हाथों से भिक्षा देंगे। **(तिस्स से)** बताओ तिस्स, हम उसको क्या उत्तर दें? हम अपना वचन कैसे पूरा करें?

तिस्स : मैं भिक्खु को समझा दूँगा। आपको दान देना निषिद्ध है। **(नन्दिता से)** भिक्खु को सादर बुला कर लाओ।

(नन्दिता नमन कर के बाहर जाती है, और भिक्खु के साथ लौटती है)

अशोक : **(खड़े होकर)** भिक्खु को नमन।

(नन्दिता का प्रस्थान)

कात्यायन : आपको कदाचित स्मरण हो।

अशोक : हमको अपना वचन स्मरण है भिक्खु।

कात्यायन : **(झोली फैलाकर)** भिक्षाम देहि राजन्!

(अशोक अपराधी सा खड़ा रहता है)

कात्यायन : भिक्षाम देहि राजन्!

अशोक : भिक्खु कात्यायन! अब हम बन्दी हैं।

कात्यायन : मुझे ज्ञात है। फिर भी आपके पुण्य करों द्वारा भिक्षा।

अशोक : **(विवशता से)** आपको कैसे बताएँ, हमें दान देना निषिद्ध है।

कात्यायन : कोई बात नहीं राजन । आपके दर्शन की इच्छा थी। अब वह पूरी हुई। मुझे जाने की आज्ञा दीजिए।

अशोक : ठहरो भिक्षु। हमें दान में धन देने का निषेध है। भूमि या भवन देने का निषेध है। अन्नदान का भी निषेध है। किन्तु दान में फल देने का तो निषेध नहीं है। **(तश्तरी में रखे फल को उठाकर)** अशोक के पास आज मात्र केवल एक फल है, जिसे वह भिक्षा में दे सकता है। और वह दे रहा है। कृपया इसे भिक्षा में स्वीकार कर अभागे राजा को कृतार्थ करो। **(फल भिक्षु को देता है।)**

कात्यायन : **(फल लेकर)** तथागत की कृपा हो राजन्! **(बाहर जाता है।)**

अशोक : अशोक द्वार पर खड़े एक भिक्खु को भिक्षा भी नहीं दे सका। अशोक का जीवन वृथा गया।

तिस्स : बन्धु महाराज, आपका जीवन व्यर्थ नहीं गया। आपकी करुणा ने दीन-दुखियों तथा दलितों का सन्ताप हरा है। उनके जीवन में नवीन आशा अंकुरित की है।

अशोक : **(उदास स्मित से)** मुझे सान्त्वना दे रहे हो? हमने चौरासी सहस्र स्तूपों का निर्माण करवाया इससे वैदिक

जन मुझसे रुष्ट हैं। बौद्धजन इसलिए रुष्ट हैं क्योकि हमने शिलालेखों में श्रमणों के साथ ब्राह्मणों को भी सम्मानित करने के आदेश दिए। और दोनों ने मिलकर हमको राजसिंहासन से हटा दिया। क्यों किया हमने अभिधर्म का प्रचार?

तिस्स : आप धम्माशोक हैं।

अशोक : नहीं हैं हम धम्माशोक नहीं(**साग्रह**) और नहीं हैं हम चंडाशोक या कामाशोक। (**थके स्वर में**) हम अशोक हैं केवल अशोक, जिसकी माता धर्मा को पिता बिन्दुसार ने निष्कासित करके एकान्तवास दे दिया था। हमारी माँ को अपने पति का जो सम्मान और साहचर्य नहीं मिला था, वह हम आर्या देवी को देना चाहते थे। देवी हमारे जीवन का प्रथम प्रेम थी, और अन्तिम प्रेम भी। हम देवी को ढूँढ़ते रहे हर इस-उस नारी में। लेकिन वह नहीं मिली। (**तिस्स से**) वह क्यों नहीं आयी हमारे साथ पाटलिपुत्र? (**अधीरता से**) बोलो तिस्स, वह क्यों नहीं आयी हमारे साथ?

तिस्स : (**समझ नहीं पाता कि क्या उत्तर दे**) बन्धु महाराज।

अशोक : (**फुसफुसाते हुए तिस्स से**) वह आ गयी तिस्स। (**प्रसन्नता से**) वह आ गयी। (**आवेश में उठकर खड़ा हो जाता है।**)

तिस्स : कौन?

अशोक : हमारी सन्तानों की माता देवी। वह कभी-कभी आती है। हमसे बातें करती है।

तिस्स : आपसे बातें करती है?

अशोक : हाँ। जब हम उसे याद करते हैं, तो आ जाती है। (**मंच के पीछे के एक कोने में, स्तम्भ के निकट, नीले रंग के प्रकाशपुंज में, बौद्ध चीवर पहने देवी दिखाई पड़ती है।**)

अशोक : वह देखो। उधर देखो। वहाँ खड़ी है देवी।

तिस्स : वहाँ? मुझे तो दिखाई नहीं पड़ रही।

अशोक : देखो न। वहाँ...नीला प्रकाश नहीं दिखाई पड़ता तुम्हें? वही तो है वहाँ– नीली आभा में नहाई सी।

तिस्स : कहाँ है नीला प्रकाश? वहाँ तो कुछ भी नहीं है।

अशोक : **(देवी के निकट जाकर)** हम जानते थे तुम आओगी। जब भी हम तुमको याद करते हैं, तुम आ जाती हो। देवी, हम बहुत अकेले हो गये हैं। बहुत याद आते हैं वह दिन, जब महिन्द और संघमित्ता मेरे कन्धे पर चढ़ जाते थे और घोषित करते थे—हम सबसे बड़े। **(स्मृति से आह्लादित होकर)** हमें घोड़ा बनाकर हमारी पीठ पर बैठ जाते थे और हर्ष से किलकारी मारते थे। और तुम, चुपचाप हम लोगों को कौतुक से देखती हुई... तुम्हारे होठों पर सन्तोष और तृप्ति की स्मित। तुम्हारे बिना हम अधूरे हैं। तुम क्यों नहीं आयीं हमारे साथ पाटलिपुत्र?

(देवी उत्तर नहीं देती। मुस्कुराती है।)

अशोक : तुम्हारे बिना मेरे जीवन का एक-एक पल यातना है। क्यों नहीं आयीं तुम हमारे साथ?

देवी : क्यों आती तुम्हारे साथ?

अशोक : क्योंकि तुम्हारा साथ हमें हमारे जीवन को अर्थ देता था।

देवी : तुम्हारे जीवन को अर्थ देने के लिए स्त्रियों की भीड़ थी...।

अशोक : उन सब में हम तुम्हें ही ढूँढ़ते रहे। तुमसे दूर जाकर भी दूर नहीं जा सके। **(दयनीयता से)** तुम क्यों नहीं आयीं हमारे साथ?

देवी : तुम क्यों चले गये मुझे छोड़कर?

अशोक : जाना पड़ा। हम विवश थे। जीवन हमें चुनौती दे रहा था।

देवी : देवी और पाटलिपुत्र के बीच में तुमने चुना पाटलिपुत्र।

अशोक : हम विवश थे...

देवी : और देवी को छोड़कर चले गये।

अशोक : समझने का प्रयास करो। पुरुष के जीवन में ऐसे विरले क्षण भाग्य से आते हैं, जब वह अपने बाहुबल से अपनी विजय पताका फहरा सके। मान, सम्मान, यश, प्रभुता, सत्ता अपनी मुट्ठी में कर सके। **(अपनी मुट्ठी बाँधता है।)**

देवी : अपनी मुट्ठी खोलो।

अशोक : क्या?

देवी : अपनी मुट्ठी खोलो अशोक।

(अशोक अपनी मुट्ठी खोलता है)

देवी : कहाँ है मान, सम्मान, यश, प्रभुता, सत्ता? तुम्हारे तो हाथ खाली हैं।

(अशोक अपने हाथ देखता है)

(देवी से नीला प्रकाश लुप्त हो जाता है। साथ ही देवी पास रखे खम्भे के पीछे अन्तर्धान हो जाती है।)

अशोक : देवी! देवी! मत जाओ। बस थोड़ी देर और रुको। देवी मत जाओ। **(निराशा से)** तिस्स वह चली गयी। हमारी तो सुनती ही नहीं। जब चाहती है, आ जाती है। जब चाहती है, चली जाती है।

तिस्स : **(सान्त्वना देते हुए)** वह फिर आयेगी। वह आपसे बँधी है। वह फिर आयेगी।

अशोक : पता नहीं कब आयेगी। **(अपनी हथेली खोलकर देखते हुए)** वह पूछती थी कि कहाँ है मान, सम्मान, यश, प्रभुत्व, सत्ता। बताओ तिस्स, हम उसे क्या उत्तर देते? ये खाली हाथ...।

तिस्स : महाराज धैर्य रखिए।

अशोक : **(अपने आप से प्रश्न)** क्यों चुना हमने पाटलिपुत्र? **(सोचते हुए)** पिता द्वारा निष्कासित माता के पुत्र को लोग देखकर भी नहीं देखते थे। जैसे हम होकर भी नहीं थे। जैसे हम पारदर्शी थे। वे लोग हमें देखकर भी नहीं देख पाते थे। वे लोग—राजपुरुष, सामन्त, श्रेष्ठि... और अनुचर भी। हमारे अन्तस में चीत्कार उठती थी—**(तीव्र स्वर में)** देखो! आँख रहकर भी न देख पाने वाले अन्धो--देखो। हमें देखो--हम हैं। और धीरे-धीरे हमारे मन-मस्तिष्क में एक आकांक्षा पत्थर सी दृढ़ होती गयी। **(प्रतिहिंसा में)** इन अंधी आंखों में एक दिन उंगली डालकर दिखाएँगे इनको--देखो हम हैं। हम पारदर्शी नहीं हैं। **(रुककर, सोचते हुए)** हम कुरूप थे। इसलिए भी लोग हमारी अवहेलना करते

थे। क्या ये हमारा दोष था कि हम कुरूप जन्मे? उत्तर दो तिस्स। इसमें हमारा क्या दोष?

तिस्स : नहीं महाराज, आपका कोई दोष नहीं।

अशोक : हम और सुसीम समवयस्क थे। साथ-साथ खेलने जाते थे। हम दोनों को एक-साथ देखकर प्रायः लोग कहते–सुसीम कितना सुन्दर है। हमें लगता, वे लोग कह रहे हैं–अशोक कितना कुरूप है? हमारी कुरूपता का उपहास कर रहे हैं। हमें चिढ़ा रहे है। हम सुसीम की सुन्दरता से घृणा करने लगे। सुसीम से घृणा करने लगे। **(विक्षिप्त सा)** सुसीम... सुसीम... बस हमारी मात्र एक अभिलाषा थी--सुसीम का पराभव। इसीलिए हम देवी को छोड़कर पाटलिपुत्र आये। किन्तु यहाँ भी हम पराजित हो गये। **(उदास मुस्कान से)** जीवन से पराजित हो गये।

तिस्स : नहीं महाराज, आप पराजित नहीं हुए। आपने पूरे विश्व पर धम्मविजय प्राप्त की है।

(पार्श्व में करुण संगीत)

अशोक : **(आसन पर बैठते हुए)** हमारे ध्यान का समय हो गया।

पता ही नहीं चला–
कब, सन्ध्या की लालिमा फैली,
और कब, धीरे धीरे–
अंधियारा छा गया,
और, लौटने की वेला भी–
आ पहुँची। **(आँख बन्द करके ध्यान में निमग्न हो जाता है)**

(सैनिक-1 तथा सैनिक-2 का प्रवेश। दोनों सैनिक नमन करते हैं)

सैनिक-1 : महाराज की जय। महाराज यात्रा के लिए रथ आ गये हैं।

अशोक : यात्रा के लिए रथ! कौन जा रहा है यात्रा पर?

सैनिक-2 : महाराज आप जा रहे हैं। आपकी यात्रा के लिए रथ आये हैं।

सैनिक-1 : सारा प्रबंध समुचित है। आपको यात्र में किसी प्रकार की असुविधा नहीं होगी।

अशोक : ठहरो एक क्षण। ठहरो। **(व्यंग्य से)** यात्रा पर हम जा रहे हैं, किन्तु हमें पता नहीं है कि हम यात्रा पर जा रहे हैं। तो आप लोग कृपया यह भी बता दीजिए कि हम कहाँ जा रहे हैं?

(सैनिक चुप रहते हैं)

अशोक : आप लोगों को यह पता है कि हम यात्रा पर जा रहें हैं, किन्तु कहाँ जा रहे हैं—यह पता नहीं?

नंदिता : (प्रवेश करते हुए) महाराज आप तीर्थ-यात्रा पर जा रहे हैं—बोधि-वृक्ष का दर्शन करने बोधि-गया।

अशोक : ओह! तो दासी नन्दिता जानती है— हम कहाँ जा रहे हैं। केवल हम नहीं जानते! सब ज्ञानियों के बीच हम ही अकेले अज्ञानी हैं।

तिस्स : तीर्थयात्रा पर आपकी सुविधा और सेवा के लिए दासी नन्दिता भी आपके साथ जाएगी।

अशोक : **(व्यंग्य से)** तो भंते, आपको भी ज्ञात है कि हम तीर्थ-यात्रा पर जा रहें हैं? सबको ज्ञात है हमारी तीर्थ-यात्रा के बारे में, सिवाय हमारे, जिसको यात्रा पर जाना है। जब आप सब इतना जानते हैं तब यह भी जानते होंगे कि हमारे तीर्थ-यात्रा पर जाने का निर्णय किसने लिया?

तिस्स : मन्त्रिमण्डल ने।

अशोक : तब हम यह भी जानना चाहेंगे कि हमें तीर्थयात्रा पर भेजने के पीछे मन्त्रिमण्डल का उद्देश्य क्या है? मन्त्रिमण्डल हमें पाटलिपुत्र से क्यों हटाना चाहता है?

तिस्स : बताता हूँ अग्रबन्धु। सैनिको तुम जाओ। **(सैनिक जाते हैं।)** तुम भी जाओ नन्दिता। सुनिश्चित करो कि महाराज के साथ यात्रा में ले जाने वाली समस्त सामग्री रथ में रख दी गयी है। **(नन्दिता नमन करके जाती है।)**

अशोक : हमें पाटलिपुत्र से हटाने के षड्यन्त्र में आप भी सम्मिलित हैं भंते?

तिस्स : अग्रबन्धु, यह पूरी योजना महामन्त्री राधागुप्त की है।

अशोक : **(वितृष्णा से)** राधागुप्त! हमें राजपद से हटा कर भी उसे सन्तोष नहीं मिला?

तिस्स : महामन्त्री आपके मित्र हैं। आपके शुभकामी। वह नहीं चाहते कि आपका शेष जीवन कारागार में व्यतीत हो। इसीलिए यह तीर्थ-यात्रा का आयोजन है।

अशोक : तीर्थयात्रा से लौटकर तो पुनः कारागार में ही आना पड़ेगा।

(राधागुप्त का प्रवेश)

राधागुप्त : नहीं राजन्। आप कारागार में वापिस नहीं लौटेंगे।

अशोक : कहाँ जायेंगे वापिस लौटकर? क्या यात्रा के दौरान हमारा वध कर दिया जायेगा?

राधागुप्त : नहीं महाराज। हम लोग आपके दीर्घ जीवन की कामना करते हैं। आप शतायु हों।

अशोक : तो कहाँ जायेंगे सम्बोधि का दर्शन करके?

राधागुप्त : आप सम्बोधि का दर्शन करने नहीं जायेंगे। यह तो मात्र बहाना है आपको कारागार से निकालने का।

अशोक : **(आश्चर्य से)** क्या कह रहे हो?

राधागुप्त : हाँ राजन्। पूरा प्रबन्ध हो गया है। आप पाटलिपुत्र से तीर्थ-यात्रा के बहाने निकलेंगे। किन्तु सम्बोधि न जाकर आप मौर्य साम्राज्य की सीमा के बाहर चले जायेंगे। पर्वतों में। वहाँ स्थित हिम-विहार में आपके अवस्थान का प्रबन्ध हो गया है।

अशोक : मौर्य साम्राज्य के बाहर? क्या मौर्य सेना अब इतनी अक्षम और निष्क्रिय है—उसका एक बन्दी भाग जाये और उसे पता भी न लगे!

राधागुप्त : सेनापति की सहमति है इसमें। मैं तो आपको कारागार से मुक्त करवाना चाहता था, किन्तु मन्त्रि-परिषद में आपके अनेक शत्रु हैं। वे अड़ गये। इसलिए तीर्थ-यात्रा का बहाना बनाना पड़ा। **(आश्वस्त करते हुए)** आप निश्चिन्त रहें। सेनापति की इसमें पूरी सहमति है। सेना की एक टुकड़ी आपको साम्राज्य की सीमा तक पहुँचाने आपके साथ जायेगी। भंते तिस्स भी आपके

साथ होंगे। और दासी नन्दिता भी।

(अशोक उत्तर नहीं देता)

राधागुप्त : क्या सोच रहे हैं आप? आपको ले जाने के लिए रथ बाहर खड़े हैं। सुरक्षा के लिए सैनिक टुकड़ी भी है। आपके वस्त्रादि भी रख दिये गये हैं। बस चलिये। तुरन्त चलिये। हम लोग समय नहीं गँवा सकते।

अशोक : **(राधागुप्त के निकट जाकर, शान्त, किन्तु दृढ़ शब्दों में)** हम तीर्थ यात्रा पर नहीं जा रहे हैं। **(जा कर आसन पर बैठ जाता है।)**

राधागुप्त : **(आहत)** क्या? क्या कह रहें है आप? नहीं जा सकते!!! सब प्रबन्ध हो गया है। **(अधिकार से)** आपको जाना पड़ेगा। भंते तिस्स, समझाओ। समझाओ इनको। राजन् आपको कोई कष्ट नहीं होगा। हिमालय की पुष्पित घाटियों में आप स्वतन्त्र होंगे—इस कारागार से दूर। चलिये महाराज चलिये। विलम्ब मत कीजिए। हिम-विहार के सब बौद्धभिक्षु आपके आगमन और स्वागत हेतु प्रतीक्षारत हैं।

अशोक : **(दृढ़ता से)** राधागुप्त, हम नहीं जा रहे हैं।

तिस्स : अग्रबन्धु, मैं हाथ जोड़कर आपसे विनती करता हूँ, निकलिए इस कारागार से। **(घुटनों के बल बैठ कर हाथ जोड़ते हुए)** चलिये महाराज।

अशोक : नहीं तिस्स। हम नहीं जा सकते।

तिस्स : अपने लिए नहीं हम सबके लिए चलिए महाराज, चलिए।

नन्दिता : **(घुटनों के बल बैठकर, हाथ जोड़ते हुए)** चलिए महाराज! हम पर कृपा कीजिए चलिए।

राधागुप्त : **(अचानक क्रोध के विस्फोट से)** तो मत जाओ। रहो इसी कारागार में। अशोक, मैं तुम्हारा बालमित्र हूँ। पहली बार—जीवन में पहली बार मैं मौर्यराज के विरुद्ध खड़ा हुआ हूँ। किसके लिए? तुम्हारे लिए। अपने मित्र के लिए। अब मैं नहीं कहूँगा तुमसे यहाँ से जाने को। रहो यहीं कारागार में। **(विवश क्रोध में अपनी मुट्ठी बाँधता है।)**

(अशोक उत्तर नहीं देता। कुछ क्षणों का नीरव मौन। अशोक राधागुप्त के निकट जाता है उसके कन्धे पर हाथ रखता है)

अशोक : **(सान्त्वना देते हुए)** राधागुप्त, हमें विचार करने दो। **अशोक ध्यान-मुद्रा में बैठता है। धीरे-धीरे मंच पर प्रकाश मन्द होते हुए समाप्त हो जाता है, सिवाय अशोक के चारों ओर एक प्रकाश-वृत्त के।)**

अशोक : राधागुप्त, हमने मध्याह्न के उद्दाम प्रकांड सूर्य को धीरे-धीरे सन्ध्या में ढलते देखा है। अब हमें रात्रि की कालिमा की प्रतीक्षा है। हम जानते हैं जीवन और मृत्यु का अन्तःसम्बन्ध, जय में अन्तर्निहित पराजय और सुख-दुख की जुगलबन्दी। माया के आवरण में छिपे जीवन के सत्य का हमने साक्षात्कार किया है। अब हम तथागत की शरण में हैं। हम कारागार में भी मुक्त हैं। हम नहीं जा रहे हैं।

(आँख बन्द करके ध्यान में जाता है।)

(बहुत धीरे-धीरे प्रकाश-वृत्त छोटा होते हुए अशोक की ध्यानमग्न मुखाकृति पर केन्द्रित होता है। साथ ही बुद्ध-घोष की ध्वनि धीरे-धीरे बढ़ती है। राधागुप्त, नन्दिता और तिस्स नमन करके जाते हैं। गगनिका पर बुद्ध की छवि प्रकट होती है। गगनिका के निकट बुद्ध-घोष करते हुए भिक्षुओं का दल मंच पर एक तरफ से दूसरी तरफ जाता हुआ दिखाई पड़ता है। बुद्ध-घोष की ध्वनि बढ़ते हुए पूरे प्रेक्षागृह को भर देती है।)

यवनिका

□□